내 맘대로 요리하는 설문조사

"설문조사의 주의점은 이것이다!"

유기종 지음

[머리말]

   조용히 사색을 즐기고 있는 오후에 진동으로 해 놓은 휴대전화가 울린다. 화면에 "여론조사"라는 문구가 보이자 잠시 갈등한다.
   참여할까? 거절 버튼을 눌러 일단 휴대전화를 잠재웠는데, 어떤 여론조사였을까? 하는 궁금증이 계속 머리를 맴돈다.

   가끔 주변의 누군가가 SNS 단톡방에 고지를 하나 올린다. 지인이 불가피한 어떤 사유로 설문조사를 해야 하는데, 20분밖에 안 걸리니 아래를 클릭해서 꼭 참여해 달라거나 내 얼굴을 보아서 잠시만 시간을 내어 달라고 한다. 혹은 00대학교에서 특정 목적으로 조사를 하니 설문에 협조해 달라는 안내서와 함께 PAPI(Paper Assisted Personal Interview) 방식의 설문지가 선물용 볼펜과 함께 사무실에 놓여 있을 때도 있고, 서울역에서 기차를 이용하려는데 조사원이라고 쓰인 조끼를 입은 누군가가 태블릿 PC를 들고 와서 설문에 응해줄 것을 바라기도 한다.

   선거철이 되면 뉴스에서 흔히 보이는 어느 후보의 지지율이 상승했느니, 하락했느니 하는 어휘와 더불어 전국 성인남녀 일천여 명에게 물어보았다는 내용을 흔히 볼 수 있다. 그런 여론조사를 보면서 한 번쯤은 저 조사는 도대체 어떻게 하는 것인가 하는 의문이 들었을 때도 있을 것이다.

　위에 열거한 내용은 누구나 한 번쯤 경험해 보았을 일이다. 그만큼 설문조사는 우리 생활과 아주 밀접하다.
국민 참여가 정책 결정의 중요한 요소로 작용하고, 국민의 의견을 반영한, 즉 국민의 여론을 반영한 정치와 정책 수행이 매우 중요한 시기이다.
특히 모바일 단말기의 급속한 보급으로 누구나 항상 뉴스를 검색하고 소식을 전달하며, 누구나 단톡방에서 오피니언 리더로서 역할이 가능한 디지털 시대에 여론조사는 정말 중요하다.
과거의 종이 방식이나 대면 방식의 설문에서 전화를 거쳐 모바일로 조사 형태가 다양화되면서, 설문조사는 현재 범람하고 있다고 표현할 정도로 홍수를 이루고 있다.
그러나 과거에 비하여 손쉽게 설문조사를 실시할 수 있는 환경임에 반하여, 설문조사의 구성이나 내용은 너무 빈약하고 기본적인 설문조사의 구조도 갖추진 못한 설문조사가 너무 많으며 나아가 조사 결과를 왜곡 할 수 있도록 구성된 설문조사도 정말 많다.

　설문조사를 실시하려면 관련 전문가 또는 전문업체에 의뢰하여, 조사의 합목적성을 확보하고, 신뢰도를 검증할 수 있는 표본을 선택하는 방법 등 여러 다양한 요소들을 고려하는 선행 작업이 사전에 검토되어야 한다. 그러나 실상은 Google Survey, Survey Monkey, MS Forms 등에서 제공하는 설문조사 기능만으로도 간단히 설문조사를 실시할 수 있는 환경이다 보니, 이러한 여러 가지의 사전 검토사항이 전혀 고려되지 않은 상태에서 설문조사가 행하여진다.

실시단계의 편리성이 향상되어 고객 또는 국민의 의견을 많이 묻고 이를 반영하도록 노력하는 것은 매우 바람직한 현상인데, 쉽게 묻는 것과 반비례하여 설문조사 자체의 품질은 매우 떨어진다. 때때로 데이터 해석의 오류가 눈에 보이는 상태로 설문조사가 구성된 경우도 보게 된다. 최종 결과를 해석하는데 잘못된 설문으로 인하여 잘못된 결과를 해석하고, 이것을 기준으로 차후 정책의 방향이 결정된다면, 이는 잘못된 방향 설정으로 더 큰 정책오류를 키우는 일이 된다.

심지어는 공공기관의 특정사안에 대하여 컨설팅하는 컨설팅회사가 해당 사안에 대하여 방향을 제시하기 위하여 직원 또는 지역 주민을 대상으로 설문조사를 진행하는 경우, 그 설문지조차 설문조사의 기본원칙을 잘 모르고 구성되어 실시되는 경우를 보았다. 나아가 설문조사를 담당하는 리서치회사의 직원조차도 설문조사의 기본적인 원칙에 실수하는 경우도 보았다.

필자는 그간 공공기관 등에서 수많은 설문조사를 기획하고, 실시하고, 결과를 분석하며, 또한 설문조사 실시기관을 평가하면서 느낀 설문조사의 문제점에 대하여, 설문조사를 기획하는 담당자에게 교육하려고 노력하여 왔다. 그러나 교육과정에서 담당자들은 설문조사의 기본적인 통계 처리 등에 나타나는 각종 통계적인 방법, 회귀분석 등을 보고 너무 어렵고 복잡하다며 포기하는 경향을 보인다.

　교육을 진행하기 위하여 적절한 교재를 선택하려고 여러 번 알아보았는데, 쉽게 설명된 교재를 발견하지 못했다. 특히 이미 인터넷 또는 서베이 폼을 활용한 웹 설문조사가 일반화되어 있어, 누구나 쉽게 설문조사를 설계할 수 있는데도 가장 기본적인 주의사항을 설명하는 책자를 찾지 못하였다.
통계학, 사회조사방법론, 사회조사분석사 시험을 위한 교재 등에 관련 내용이 산발적으로 있지만, 때로는 너무 전문적이고 때로는 너무 분석적이어서, "설문조사의 주의점은 이것이다!"라고 설명하기가 어려웠다.

　각각의 이슈 관련 수많은 연구 결과와 매우 훌륭한 논문들이 존재함에도 이를 전부 읽고 파악하는 것도 힘들고, 또 관련 논문도 일목요연하게 정리된 책자를 발견하지 못하였다.

　이러한 점에 착안하여 복잡한 통계적인 문제, 이론적인 문제 등은 아주 쉽게 설명하면서도 꼭 알아야 할 이론적인 문제가 아니라면 과감히 통계 TOOL이나 서베이 폼에 맡기고, 설문조사를 기획하고 시행하는 단계에서 반드시 알아야 할 기본적인 사항에 대하여만 아주 쉽게 설명하고자 노력하였다. 이슈 사항에 관해서는 관련 연구논문의 핵심만 설명하였다. 관련된 내용을 더 깊이 알아보고자 할 때는 해당 연구논문들을 명시해 놓았으니, 이를 찾아서 확인하면 될 것이다.

설문조사를 기획하고 실시하는 담당자가 이 책만 읽어도 기본적인 오류는 범하지 않고 최소한의 형식을 갖춘 설문조사를 시행하도록 하는 데 초점을 맞추어 이 책을 편집하였으니, 실무에 많은 참고가 되기를 희망한다.

2023.09.18.

목차

I. 설문 구성 단계의 논점들　　　　　　　　13

영어야?　　　　　　　　　　　　　　　　　　14
좋은 설문 문항?　　　　　　　　　　　　　　22
척도란 무엇인가?　　　　　　　　　　　　　　24
서스톤척도, 거트만척도?　　　　　　　　　　29
리커트 척도?　　　　　　　　　　　　　　　　32
리커트 척도와 리커트식 척도?　　　　　　　　33
리커트 척도의 중간점, 보통이다?　　　　　　37
리커트 척도의 중간점은 필요한가?　　　　　　40
리커트 척도의 5점 척도? 7점 척도?　　　　　46
리커트 척도의 점수배열은 오름차순? 내림차순?　51
1-2-3-4-5-6-7점? (-3)-(-2)-(-1)-0-1-2-3점?　　55
리커트 척도의 100점 환산?　　　　　　　　　59
설문지의 길이는 어느 정도가 적당할까?　　　64
질문 문항 순서가 영향을 미칠까?　　　　　　68
프라이밍 효과와 휴리스틱스?　　　　　　　　71
문항 응답 순서가 영향을 미칠까?　　　　　　75
역코딩이란?　　　　　　　　　　　　　　　　79
설문 문항은 긍정문이 좋은가? 부정문이 좋은가?　84
지시문은 필요한가?　　　　　　　　　　　　　87
불성실 응답이란?　　　　　　　　　　　　　　89
불성실 응답 탐지 방법?　　　　　　　　　　　92
개방형 질문이란?　　　　　　　　　　　　　　97
설계단계에서 전문가 검토?　　　　　　　　　102

II. 표본추출 단계의 논점들 — 105

모집단의 정의? — 106
모집단의 확정? — 108
표본? 표집? — 109
표본의 특성? — 111
전수 조사, 표본조사? — 112
여론조사 샘플 수의 비밀? — 113
여론조사 시 적정 표본의 크기? — 115
통계적으로 유의미하다? — 120
통계 최소 표본의 크기는? — 121
최소 표본의 크기가 20개가 안 되면? ① — 129
최소 표본의 크기가 20개가 안 되면? ② — 133
표본설계의 중요성? 표본추출 프레임의 결정? — 136
표본추출 방법의 결정? — 139
확률표본추출? — 140
단순무작위표본추출? — 141
계통표본추출? — 143
층화표본추출? — 144
군집표본추출? — 146
층화군집추출방법? — 148
비확률표본추출? — 149
편의표본추출? — 151
유의표본추출? — 152
할당표본추출? — 153

눈덩이표본추출?	154
웹 조사에서의 표본추출 방법?	156
웹 조사의 방법론적인 오차?	159
표본추출오차의 축소 방법?	163
비표본오차의 축소 방법?	164
비확률표본 추출조사의 장점?	165
비확률표본 추출조사의 확대 방안?	167
설문의 회수율?	170
정부 조사의 표본 구성?	172

Ⅲ. 분석단계의 논점들　　175

무응답?	176
무응답 발생 원인?	178
무응답을 결측 처리했을 때 영향?	179
무응답 데이터의 처리?	181
귀무가설, 대립가설?	185
유의확률, 유의수준?	188
모집단의 특성을 나타내는 모수?	192
데이터 분석 기법?	193
빈도분석?	195
신뢰도 분석?	198
탐색적 요인분석, 타당도 분석?	201
상관관계분석?	204
회귀분석?	206

구조방정식 모형?	208
히핑?	210
빅데이터 기반 빅 러닝 기법을 활용한 민감한 질문 대체?	212
빅데이터 조사 결과와 실증 조사 결과?	214
설문 품질관리를 위한 보고서 작성 단계에서의전문가 검토?	216
연구 데이터 활용?	219

Ⅳ. 인터넷을 이용한 설문조사의 논점들   221

인터넷을 이용한 설문조사?	222
전화 조사의 문제점?	227
인터넷을 이용한 설문조사의 신뢰성?	230
웹 조사의 장단점?	232
웹 설문조사의 유형은?	234
패널을 활용한 조사는?	237
설문조사 시 인센티브 제공?	239
현장 조사, 전화 조사, 웹 조사?	241
유선전화 조사, 휴대전화 조사?	244
상담원을 이용한 전화 조사, ARS 전화 조사?	250
면접원효과?	253
면접조사 방식 중 지면을 통한 설문조사와 태블릿 사용 설문조사?	256
응답 내용의 비밀보장 수준?	258
웹 조사에서의 응답자의 프라이버시 보호?	260
웹 조사에서 사용자 인터페이스?	262
이메일을 통한 조사의 경우 발송 성공률, 오픈율, 클릭률?	265
전통적 조사 및 대안적 조사, 확률표본조사 및 비확률표본조사?	268

V. 선거 여론조사의 논점들　　　　　　　　**271**

개방형 프라이머리 제도?　　　　　　　　　　272
승자편승 효과와 약자 효과?　　　　　　　　　274
여론조사의 미디어 메시지와 제3자 효과?　　　277
미네르바 효과, 브래들리 효과, 침묵의 나선 효과, 숨은 표 효과?　　280
이마골로기?　　　　　　　　　　　　　　　　283
선거 여론조사의 오차 원인?　　　　　　　　　285
선거 여론조사의 휴대전화 조사?　　　　　　　288
저가 선거 여론조사 기관 난립의 문제점?　　　290
투표 참여에 영향을 미치는 요인?　　　　　　　292
선거 여론조사의 웹 조사로의 대체 가능성?　　294

VI. 기타　　　　　　　　　　　　　　　　**297**

NPS 방식의 만족도 조사?　　　　　　　　　　298
FGI 방식의 면접조사?　　　　　　　　　　　　302

참고자료　　　　　　　　　　　　　　　　**304**

I

설문 구성 단계의 논점들

Ⅰ. 설문 구성 단계의 논점들

설문조사를 수행하는 데 있어 그 과정을 살펴보면, 크게 설문 구성 단계, 표본추출 단계, 자료 분석 단계로 나눌 수 있다.
과거와 달리 최근의 초고속 인터넷망의 보급 및 고성능 모바일 단말기의 대중화, 각종 포탈의 손쉬운 설문조사 서비스, 오픈서베이 플랫폼, 각종 고객관리 프로그램 또는 회사 인트라넷 안의 설문조사 Tool 제공 등으로 설문조사가 아주 손쉽게 이루어지고 있다.
그러나 설문조사 실시의 용이성이 크게 향상된 데 반하여, 설문조사의 질은 매우 떨어져 기본도 제대로 갖추지 못한 설문조사가 시행되고 있다.

단계별 주요 이슈들을 알아보자.

 영어야?

아주 단순하지만, 설문조사 관련하여 습관적으로 많이 사용하는 영어 단어들을 기억하자.
Survey, Sample, Scale, Sampling Error, Random Sampling, Mean, Median, Mode, Variance, Range, RDD(Random Digit Dialing), PAPI, TAPI, CAPI, CATI

많은 설문조사 전문가와 대화를 나누어 보면, 설문조사 관련 용어를 사용하는 데 있어서, 영어를 사용하는 경우가 종종 있다. 그런데 모든 용어를 영어로 사용하는 것이 아니고, 일부 한정된 단어를 영어로 사용하는 것을 자주 본다.

아주 평범한 말들이고 쉬운 말들인데 이 몇 가지 단어는 왜 그런지 이유는 몰라도 우리말보다 영어를 더 많이 사용하고 있어서, 이 몇 가지를 알아듣지 못하면 조금 곤란한 경우가 발생할 수 있다.

아주 단순하지만 설문조사 관련하여 습관적으로 많이 사용하는 영어 단어들을 먼저 알아보자.

1) Survey
서베이는 말 그대로 "설문"으로 조사나 통계에 이용하기 위해 묻는 것 또는 설문을 만들어내는 것을 뜻한다.

2) Sample
샘플은 우리말로 "표본"이다. 이 표본이라는 말보다 Sample이라는 말을 더 자연스럽게 많이 사용한다. 표본은 관찰 대상 또는 연구 대상인 전체 모집단의 특성을 파악하기 위해 추출된, 연구자가 측정 또는 관찰한 결과들의 집합이다.

알아보는 김에 모집단은 영어로 무얼까? 모집단은 영어로 Population이다. 그런데 희한하게도 Population이라는 단어는 잘 사용하지 않는다. 흔히 "모집단과 샘플"이라고 말한다. Sample

이라는 말이 모집단에서 추출된 "표본"이라는 것을 기억해 두자.

모집단과 샘플(표본)

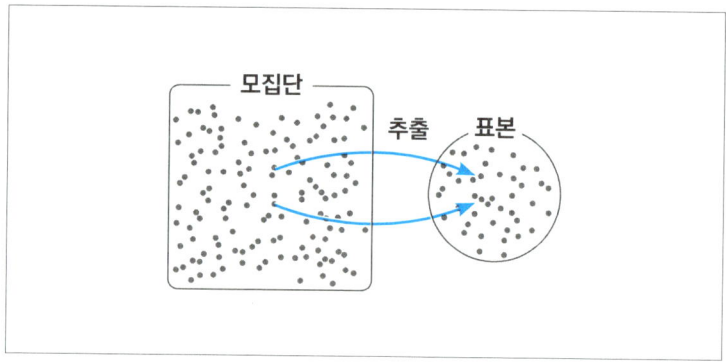

3) Scale

스케일은 "척도"이다. 후에 설명할 명목척도, 서열척도, 리커트 척도 하는 척도(尺度), 척도는 측정을 목적으로 일정한 규칙에 따라, 질적인 측정 대상에 적용할 수 있도록 만들어진 계량적 측정 도구이다. 누가 Scale이라고 이야기하면, "척도"라는 것을 기억해 두자.

4) Sampling Error

샘플링에러는 표본오차이다. 모집단을 대표할 수 있는 전형적인 특성이 제대로 반영되지 않은 상태에서 Sample이 구성될 때 발생하는 오차를 말한다. 이것도 희한하게 Sampling Error라는 말은 자주 사용하는데, 우리말로 유사한 표준오차는 영어로 사용하는 것을 많이 듣지 못했다. 그래도 비교할 겸 설명하면 표준오차는 Standard Error이며, 표본의 표준편차를 표본 수의 제곱근으로 나눈 것이다. 이 책에서 통계학을 세부적으로 설명하고 싶은 생각은 없으니 용어에 집중하자. 표본오차와 표준오차는 완전히 다른 개념이며, 우리말로 유사한 용어로 표준편차가 있다.

5) Mean, Median, Mode

Mean(평균)은 중심 경향에 대한 측도이며, 합계를 사례 수로 나눈 산술 평균값이다.

Median(중위수)은 중앙값이다. 전체 사례의 절반이 위아래에 해당하는 값으로 제50백분위수이다. 즉 말 그대로 가운데 중간에 있는 중앙값이다. 중위수는 평균과 달리 중심을 벗어난 값에는 영향을 받지 않는다.

Mode(최빈값)는 주어진 사례에서 가장 자주 나오는 숫자, 데이터에서 가장 많이 등장한 숫자이다.

구분	대칭인 분포	왼쪽으로 꼬리가 긴 분포	오른쪽으로 꼬리가 긴 분포
평균과 중위수	평균 = 중위수	평균 〈 중위수	평균 〉 중위수

평균과 중위수

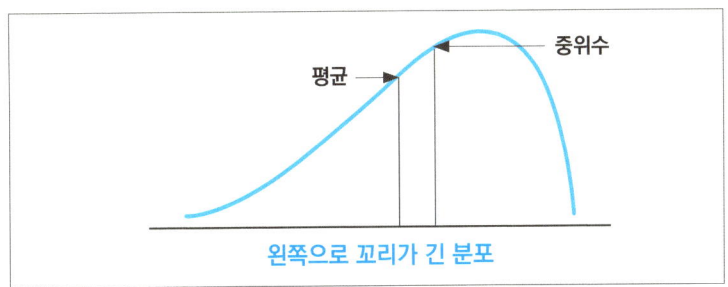

왼쪽으로 꼬리가 긴 분포

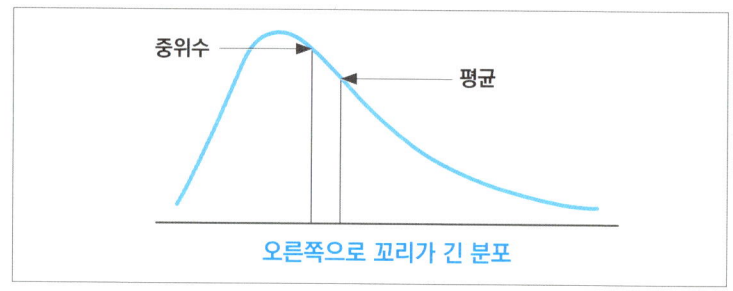

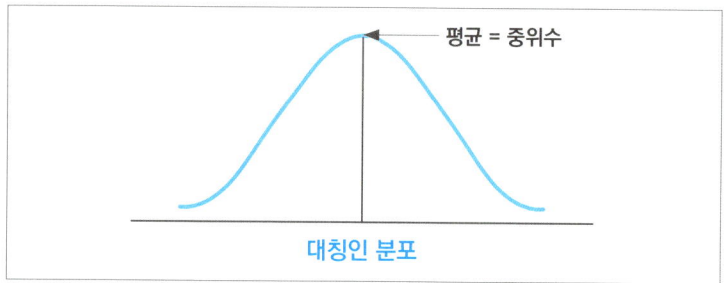

평균과 최빈값 관련하여 제일 많이 비교되는 사례가 수명이다. 이해를 돕기 위해 우리나라 국민의 평균 수명과 최빈값을 비교해 보자. 평균 수명은 전체 사람의 수명을 더해서 사람 수로 나눈 것이다. 말 그대로 산술평균이다. 여기에는 어린 시절에 사망한 영아 사망 등이 모두 포함되어 있고, 만약 태어나자마자 사망하면 평균 수명을 많이 낮추는 결과를 초래한다.

최빈값은 이 사례에서는 가장 많이 사망하는 연령이다.

발표된 통계를 보자. 한국보건사회연구원의 발표에 따르면 2015~2019년 기간의 5년을 조사한 결과, 한국인이 가장 많이 사망하는 나이, 즉 사망 최빈값은 남자 85세, 여자 90세로 나타났다. 2019년 기준 국제보건기구(WHO)가 발표한 대한민국의 평균 수명은 남, 여 합산 83.3세이다. 즉 남, 여 어느 경우에도 평균 수명이 최빈값에 못 미친다.

평균 수명과 최빈값

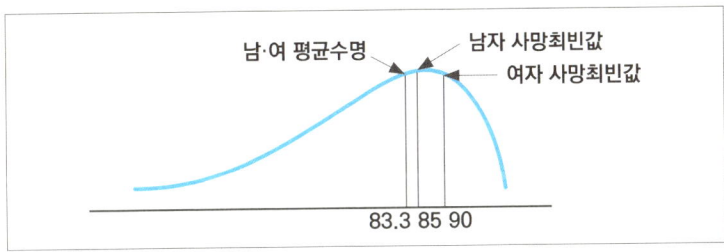

여기서 한가지 평균을 설명할 때 우리가 흔히 알고 있는 Average와는 어떻게 다른가?

우리말로 모두 "평균"이지만, Average는 모든 샘플값을 더하고 샘플의 총수로 나눈 산술평균(Arithmetic Mean)이다. 이에 반해 Mean은 통계 용어로 산술평균부터 기하평균 등 통계 목적상 다양한 평균을 지칭할 수 있다. 따라서 설문조사 시에 데이터를 언급하게 되면 어떤 평균을 사용했는지를 명시할 필요가 있다.

6) Variance, Range

Variance(분산)는 평균에 대한 산포 측도로, 관측값에서 평균을 뺀 값을 제곱하고, 그것을 모두 더한 후 전체 개수로 나눈 값이다. 간단히 말하면 관찰값들이 얼마나 많이 흩어져 있느냐를 보는 것으로, 모집단의 분산을 구하는 모분산과 표본의 분산을 구하는 표본분산으로 나눌 수 있는데 구하는 방법이 조금 다르다. 그냥 Variance가 분산이구나 하는 것만 알아두자.

Range(범위)는 가장 큰 측정값에서 가장 작은 측정값을 뺀 값으로 예를 들어 조사 대상의 영업점수가 최고 100점, 최하 20점이라면 이 데이터의 Range는 100-20=80의 80이다.

7) Random Sampling

단순무작위추출법으로, 모집단의 개별 요소 또는 사례들이 샘플로 선택될 가능성이 같게 되는 표본 추출법이다.

8) RDD(Random Digit Dialing)

이것은 사실 통계 용어도 아니고, 설문조사 용어도 아니다. 그런데 공공기관의 국민인식도조사, 인지도 조사 등을 보면 위의 용어가 나온다. 이 책을 다 읽은 독자들이 이 용어를 이해하지 못하면 안 되고, 이 책의 목적 또한 설문조사의 기본을 이해하고 가자는 것이므로 설명한다.

굳이 해석해 보면, "시스템화된 전화기를 사용하여 단순무작위추출법에 따른 전화 걸기"이다. 즉 여론조사 등을 전화로 시행할 때, 전화 시스템에서 무작위로 전화번호를 추출하여 전화를 거는 방식이다. 여기서 한 가지 알아두고 갈 점은 RDD의 표집 요소는 지역번호를 포함한 전화번호이지, 사람이 아니라는 것이다. 지역번호는 인구밀도, 거주 인구 등을 기본으로 지역별 대표 샘플 수를 정하는 중요한 기본자료가 될 수 있다.

RDD라는 용어가 나오면 지금부터는 아는 척을 하자.

9) PAPI, TAPI, CAPI, CATI

PAPI(Paper and Pencil Interviewing)는 종이로 된 설문조사를 의미하며, TAPI(Tablet-Assisted Person Interviewing)는 태블릿을 이용한 설문조사, CAPI(Computer-Assisted Person Interviewing)는 인터넷을 이용한 설문조사, CATI(Computer Assisted Telephone Interviewing)는 전화 설문조사를 뜻한다. 특히 컴퓨터 시스템을 이용하여 전화번호 표집, 전화 걸기, 다시 걸기 등을 하기에 computer assisted라는 말이 있으나, 전화 설문조사라고 이해하면 된다.

위 정도를 제외하고 설문조사 관련 용어를 평시에 영어로 사용하는 경우는 실무상 거의 보지 못했다. 물론 설문조사를 가지고 외국인과 대화하는 경우는 틀리겠지만, 일상생활에서 설문조사를 논할 때는 위의 정도만 정확히 이해한다면 무리가 없을 것으로 본다.
(만약 위의 영어단어 말고도 설문조사를 이야기할 때 습관적으로 많이 사용하는 것이 있다면 필자에게 연락을 주시길 바랍니다. 다음 개정판 낼 때 반영하겠습니다.)

좋은 설문 문항?

> 좋은 설문지는 응답자가 설문을 읽고 바로 이해할 수 있어야 한다.
> - 쉽고 정확한 표현을 사용하여야 한다.
> - 설문과 답안에 모호한 표현을 사용하지 않고, 의미가 명확해야 한다.
> - 한 번에 한 개의 질문을 한다.
> - 특정 응답을 유도하는 질문이나, 응답할 수 없는 질문은 하지 않는다.

좋은 설문지는 응답자가 설문을 읽고 바로 이해할 수 있어야 한다. 질문이 모호하거나, 특정 답을 유도하는 듯한 설문 문항은 설문조사의 본래 취지에도 어긋나고, 응답자로 하여 응답을 끝까지 완료하지 않고 중도 포기하게 하거나, 불성실 응답을 하게 하는 가장 큰 요인 중의 하나이다. 특히 설문조사를 설계한 연구자는 해당 부문에 대하여 많은 시간을 투자해 지식을 쌓아왔기에 해당 설문 문항을 처음 접하는 응답자는 문항을 쉽게 이해하지 못할 수도 있다는 점을 간과하기 쉽다. 그럼 좋은 설문 문항이란?

1) 쉽고 정확한 표현을 사용하여야 한다.
2) 설문과 답안에 모호한 표현을 사용하지 않고, 의미가 명확해야 한다.
3) 한 번에 한 개의 질문을 한다.
4) 특정 응답을 유도하는 질문을 하지 않는다.
5) 응답할 수 없는 질문은 하지 않는다.
6) 중복된 답이 없어야 한다.

특히 응답자의 성향을 파악하기 위한 연령 구분 등을 할 때 이런 실수가 자주 일어난다.

틀린 예시	20세 이하	20~30세	30~40세	구간 중복 발생
바른 예시	20세 미만	20~29세	30~39세	구간 중복 없음

7) 질문 문항 순서 및 응답 문항 순서의 배치에 유의한다.

이 부분에 대한 자세한 설명은 뒤에서 별도로 다룬다.

8) 민감한 질문은 설문지의 뒷부분에 배치한다.

9) 응답자의 특성을 파악하기 위한 통계처리용 표본 정보는 설문 문항 맨 뒤에 오도록 배치한다.

10) 시각적 효과를 병행하여 사용하는 것이 좋다.

척도란 무엇인가?

설문조사는 설문 항목에 대한 응답자의 태도를 측정하기 위한 것이다. 조사 대상의 속성을 측정하여, 그 값에 숫자를 부여하여 수량화시키는 과정을 척도화, 측정대상에 적용할 수 있도록 만든 측정 도구를 척도라고 한다.

설문조사는 설문 항목에 대한 응답자의 태도, 인식을 측정(measurement)하기 위한 것이다. 측정은 조사 실시 후 자료 분석뿐만 아니라 적합한 분석기법을 선택하는데 중요한 요인이다. 측정이란 어떤 분석 대상의 속성에 숫자를 부여하는 과정인데, 이러한 측정값은 무게는 kg, 개수는 개, 거리는 meter 등 다양한 척도를 통해 이루어진다. 척도화란 대상의 특성을 숫자로 표현하기 위하여 수량화하는 과정을 말한다. 이 말이 잘 이해가 안 되면, 다 잊어버리고, 다음만 기억하면 된다.

측정에 대한 주요 척도에는 크게 4가지의 척도가 있다. 명목척도(Nominal Scale), 서열척도(Ordinal Scale), 등간척도(Interval Scale), 비율척도(Ratio Scale).
이러한 4가지 척도는 대학에서 사회조사방법론 등의 강의를 수강하면, "4가지 주요 척도가 무엇인지 예를 들고 설명하라" 등 기본적으로 시험에 필수로 등장하는 용어이다.
따라서 이 4가지 척도는 기억해 두자. 척도에서 꼭 알아야 할 것은 뒤에 설명할 리커트 척도(Likert Scale)인데, 리커트 척도를 이해하려면 이 4가지 척도를 구별할 줄 알아야 한다.

　명목척도는 조사 대상의 소속 여부나 분류를 위해, 대상의 특성을 구분할 목적으로 고유 숫자를 부여하는 것이다. 예를 들어서 4대의 자동차가 있는데 회색의 자동차는 1번, 파란색의 자동차는 2번, 검은색의 자동차는 3번, 흰색 자동차는 4번으로 숫자를 부여하면, 각 숫자는 각각 4대의 자동차 중에 회색 자동차, 파란색 자동차, 검은색 자동차, 흰색 자동차를 의미하는 것 외에는 다른 구분은 없다. 각 번호가 1개의 명목적인 구분을 위한 것일 뿐이다.
현실에서 주민등록번호를 부여할 때 남자는 1, 3 여자는 2, 4로 구분하여 번호를 부여하는 것도 일종의 명목척도이다.

명목척도

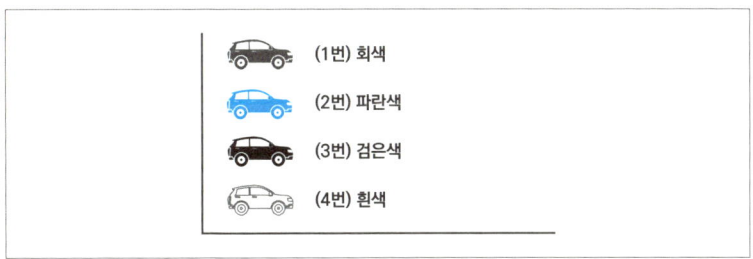

　서열척도는 조사 대상의 순위 관계를 나타내 주는 척도로서, 조사 대상의 속성을 판단하여, 대상 간의 순위를 부여하는 것이다. 예를 들어 위의 자동차를 배기량 순서나 판매가격으로 순위를 매긴다고 가정하자. 배기량의 경우 우리나라 자동차세 부과의 기준으로 이를 척도로 사용하면, 위의 회색의 자동차가 2,000cc, 파란색의 자동차가

3,000cc, 검은색의 자동차가 1,000cc, 흰색의 자동차가 800cc 였다면, 이를 배기량이 많은 순서대로 순위를 매긴다면, 1번은 파란색(3,000cc), 2번은 회색(2,000cc), 3번은 검은색(1,000cc), 4번은 흰색(800cc)이 될 것이다. 이렇게 기준에 따라 서열순서대로 숫자를 부여한 것이 서열척도이다.

이해를 더 쉽게 하면 성적순으로 1등부터 서열을 매기는 것을 생각하면 된다.

서열척도

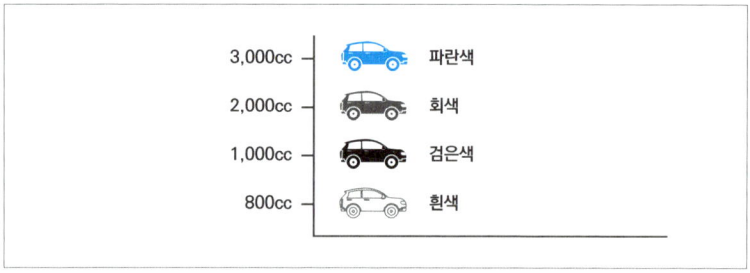

등간척도는 조사 대상의 속성에 대한 순위를 부여하되, 순위 사이의 간격이 동일한(같은 간격) 척도를 의미한다. 등간척도는 위 서열척도가 가지고 있는 정보에 더하여 두 특성의 간격이 동일한 추가 정보를 내포하고 있다. 배기량을 기준으로 한 위 자동차 1번은 파란색(3,000cc), 2번은 회색(2,000cc), 3번은 검은색(1,000cc), 4번은 흰색(800cc)의 경우, 1번에서 3번까지는 3,000cc에서 다음 구간까지 1,000cc씩 같은 간격으로 낮아지고 있기에 등간척도가 맞다. 그러나 3번에서 4번 구간은 그 차이가 200cc(1,000cc-800cc)이기에 이것은 등간 척도로 구분할 수 없다.

그런데 위 구간의 기준을 다음과 같이 나누어 보았다고 가정하자.

1번 : 3,000cc 이상, 파란색 자동차

2번 : 2,000cc 이상~3,000cc 미만, 회색 자동차

3번 : 1,000cc 이상~2,000cc 미만, 검은색 자동차

4번 : 1,000cc 미만, 흰색 자동차

등간척도

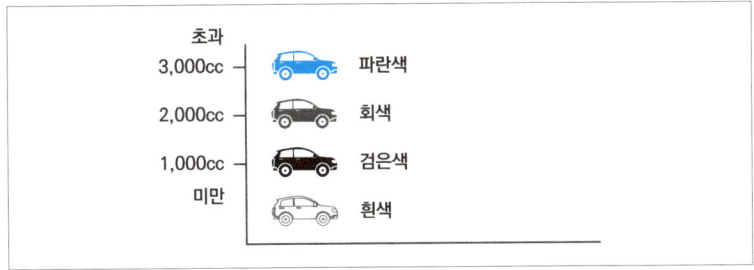

이렇게 구분하면 여기에는 등간척도 속성에 배기량에 따른 서열 척도의 속성까지 가지고 있다. 등간척도에서 알아야 할 또 하나의 사항은 측정값들의 해석에 있어서, 상대적인 의미만 지니는 임의 영점은 존재할 수 있지만, 절대 영점(Absolute Zero)이 없다는 것이다. 1번 3,000cc 자동차가 4번 800cc 자동차보다 3.75배 빠르다던가, 3.75배 더 연료를 소모한다는 의미를 부여할 수 없다. 아래 비율척도의 절대 0점을 보면 이해하기가 쉬울 것이다.

비율척도는 앞의 3가지 척도의 속성을 만족시키며, 절대 0점을 갖는 척도이다. 절대 0점을 갖는다는 뜻은, 분류가 가능하고 각각의 차이를 비교할 수 있는 사칙연산이 가능하다는 것이다. 위 자동차로 설명하면

100km의 도달시간을 측정하여, 1번은 5초, 2번은 7초, 3번은 9초, 4번은 10초라고 하면 0초에서부터 각 도달시간까지의 비율을 숫자로 계산하고 사칙 연산하여 평균을 내는 것도 가능하다는 뜻이다. 초 단위의 등간은 각 1초로 간격이 같고, 2초는 1초의 2배 비율을 갖는다. 즉 2번 자동차는 1번 자동차에 비하여 100km 도달 시까지의 시간이 1.4배(5초와 7초) 걸린다. 비율척도는 그 수치가 크기의 차이뿐만 아니라 비율까지 나타내 주는 것이다. 거리, 시간, 무게 등 절대영점에서 시작하는 같은 간격, 같은 비율의 척도를 비율척도라고 이해하면 될 것이다.

비율척도

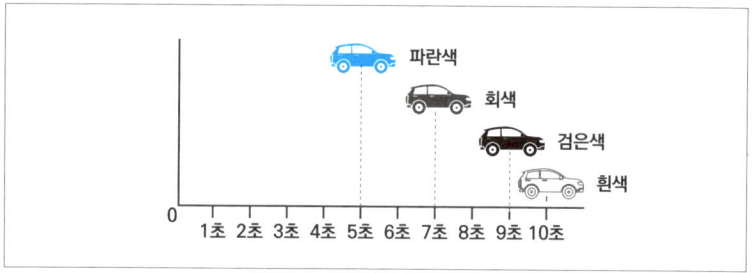

서스톤척도, 거트만척도?

> 서스톤 척도는 문항 자체가 고유한 척도 값을 갖도록 가중치가 부여된 항목을 일련하여 제시하고, 각 항목에 찬성, 반대의 표시 후 각 가중치를 합산하여 평균을 내는 방식
> 거트만척도는 하나의 주제에 대하여 서로 다른 강도를 갖는 다수 문항들을 측정하여, 계층구조의 누적적인 특성을 측정하는 방식

우리가 설문조사를 통하여 측정하려고 하는 것은 일반적으로 만족도나 태도(Attitude)이다. 일차적으로 척도를 구성하는 방법을 알아야 하는데, 대표적인 것이 서스톤 척도(Thurstone Scale), 거트만 척도(Guttman Scale), 리커트 척도(Likert Scale)이다.

먼저 서스톤 척도를 알아보자.
서스톤 척도는 루이 서스톤(Louis Leon Thurstone)에 의하여 개발되었는데, 서스톤은 정신물리학 및 심리측정학자로 심리의 비교 판단 방법으로 척도를 개발하였고, 통상 태도 측정 방식으로 많이 활용되었다. 요즘 태도나 만족도를 측정하는 방법으로, 서스톤 척도를 사용하는 사례는 많지 않기에 "서스톤 척도가 어떤 것이다"라는 정도만 알고 있으면 될 것이다.

(예) 서스톤 척도
난민 수용 정책은 중지되어야 한다. (가중치 3.5) 찬, 반
사회 전체를 위해 이민자를 적극 받아들여야 한다. (가중치 4.3) 찬, 반

이민자 수용 시설이 우리 동네에 들어서는 것은 좋은 일이다. (가중치 6.0) 찬, 반

서스톤 척도의 최대 단점은 사전에 정하여진 가중치가 존재한다는 것이다. 물론 이 가중치를 정하기 위하여 가능한 많은 사전 문항 확보, 각 문항들에 대한 사전 심사자의 응답, 이 응답 결과를 바탕으로 중앙값과 사분위값 도출, 이를 토대로 중요성 취사선택 등의 복잡한 과정과 많은 시간과 노력을 들여 가중치를 측정했음에 불구하고, 논제는 과연 각 항목의 가중치가 제대로 측정할 수 있는 상황을 정확히 반영하느냐의 문제로 귀결된다.
반대로 이를 보다 정교히 하려면 사전 문항 확보부터 모든 단계, 사전 심사의 응답 등 분석단계와 과정을 보다 많은 사례를 확보하는 방법으로 돌아가야 하므로, 리커트 척도가 가진 편리성을 극복하기가 어렵다.

거트만 척도는 심리학자 루이 거트만(Louis Guttman)이 개발하였으며, 반응 중심적인 누적 척도이다. 거트만 척도는 Yes/No의 형태로 응답하게 되며, 하나의 주제에 대하여 서로 다른 강도를 갖는 다수 문항 들이 배치되어 있다. 태도의 강도에 대한 연속적 증가 유형을 측정하고자 하는 것으로, 강도가 가장 약한 것부터 가장 강한 것까지를 일관성 있게 측정하여, 누적적인 특성을 측정하는 것이다. 설명보다 다음의 예를 보면 아주 쉽게 이해할 것이다.

쓰레기 소각 시설은 꼭 필요한 시설입니다.

순번	항목	응답
1	쓰레기 소각시설이 우리 자치 도에 건립되는 것은 필요합니까?	Yes / No
2	쓰레기 소각시설이 우리 시에 건립되는 것은 필요합니까?	Yes / No
3	쓰레기 소각시설이 우리 구에 건립되는 것은 필요합니까?	Yes / No
4	쓰레기 소각시설이 우리 동에 건립되는 것은 필요합니까?	Yes / No
5	쓰레기 소각시설이 우리 동네에 건립되는 것은 필요합니까?	Yes / No

거트만 척도를 사용할 경우 가장 중요한 것은, 일관성 있는 질문의 요소이며, 일관성 없이 상호 상충하는 요소로 질문 문항이 구성되면, 올바른 측정에 실패한다.

리커트 척도?

> 설문조사에서 가장 많이 사용되는 방법으로, 제시된 설문 문항에 대하여 응답자가 얼마나 동의하는지를 동의/비동의 서열 구간별로 응답하여, 문항들이 갖는 상대적인 강도를 결정하는 방법

리커트 척도(Likert Scale)는 렌시스 리커트(Rensis Likert)에 의해 개발되었으며, 최초에 심리 검사용으로 개발되었다. 태도(attitudes)를 측정하는데 가장 유용한 설문조사 방식이 리커트 척도 방식이다. 현재 대부분의 설문조사는 리커트 척도 방식이 가장 일반적 이며, 리커트 척도는 조사의 편리성 때문에 가장 많이 활용된다. 특히 우리나라의 설문조사 방식이 대부분 리커트 척도를 사용하고 있는데 중앙정부, 대표적으로 기재부의 공공기관 고객만족도조사, 국민인식도조사, 권익위의 청렴도조사, 행안부의 정보공개평가 시 만족도조사 등이 모두 이에 해당된다. 각종 여론조사, 설문조사를 가장 많이 하는 정부, 지자체, 공공기관 등이 대부분의 설문조사에 리커트 척도를 사용하고 있기 때문이다.

따라서 설문조사를 기획할 때 가장 먼저 리커트 척도를 생각할 수 밖에 없고, 대부분의 설문조사가 리커트 척도를 사용하고 있기에, 사실은 리커트 척도만 정확하게 이해하고 있어도 설문조사 대부분은 이해하고 있다고 보아도 무방하다.
이렇게 일반적으로 많이 사용되는 척도인데, 반대로 이를 제대로 알고 적용하는 경우가 드물다고 할 만큼 알아야 할 주의사항도 많다.

리커트 척도와 리커트식 척도?

리커트 척도의 응답 항목 수는 5개(5점 척도)를 원칙으로 하여, 7, 9, 11개 등 홀수로만 변경할 수 있으며, 리커트식 척도(Likert-style Scale, 리커트형 척도)는 응답 항목의 수가 홀수가 아닌 짝수로 이루어졌거나 응답 항목이 중간점을 기준으로 대칭을 이루고 있지 않은 척도이다.

제목만 보면 말장난도 아니고 리커트 척도(Likert Scale)와 리커트식 척도(Likert-style Scale)가 무엇이 다른지 하는 의문을 가질 수 있다. 그러나 분명히 다르다. 그리고 이를 구분하여야 한다.

리커트 척도는 다른 설문조사가 어떤 질문에 Yes/No의 형태로 응답하게 되어 있는 것을, 구간을 나누어 만족스러웠는지, 불만족스러웠는지를 구분해서 측정할 수 있게 되어 있다.

우리가 설문조사를 응하면서 흔히 경험한 "매우 만족스럽다 - 만족스럽다 - 보통이다 - 불만족스럽다 - 매우 불만족스럽다" 등으로 표시한 것이 리커트 척도이다.

또는 "회사가 직원들에게 제공하는 구내식당의 점심 급식 수준이 충분하다는 것에 대하여 동의하십니까?"라는 질문에 "매우 동의함 - 동의함 - 중립임 - 동의하지 않음 - 전혀 동의하지 않음"이라는 문항도 리커트 척도이다.

또는 다음과 같은 설문지도 많이 보았을 것이다.

회사에서 제공하는 복지 종류에 대하여, 어떻게 느끼는지 각각의 문항에 1개 표시를 해 주세요!

구분	전혀 유익하지 않음	유익하지 않음	보통임	유익함	매우 유익함
통근버스 지원	1점	2점	3점	4점	5점
휴가철 콘도 운영	1점	2점	3점	4점	5점
어학 학원비 1회 지원	1점	2점	3점	4점	5점

사실 위 표의 설문조사 예시는 적지 않은 문제점을 갖고 있다. 무엇이 문제인지 정확히 파악이 안 되는 분들은 이 책을 꼭 끝까지 정독하시길 바란다.

리커트 척도는 양극 척도 방식으로 해당 조사항목에 대한 긍정적인 태도, 부정적인 태도를 측정하는 것으로 일반적으로 위와 같이 통상 5점 척도 또는 7점 척도로 구성한다.

"5점 척도" 또는 "7점 척도"라는 새로운 용어가 나와서 이를 잠깐 설명한다.

리커트 척도의 응답 선택지의 숫자를 점(point)이라 부르며, "비용을 더 지급하더라도 회사 구내식당의 점심 급식 수준을 한 단계 올려야 한다는 것에 동의하는가?"라는 질문에 "동의한다 - 동의도 반대도 하지 않는다 - 동의하지 않는다"라고 3가지 선택지를 준다면 이것은 3점 척도이고, 위 표처럼 5가지 선택지를 준다면 5점 척도, 7가지 선택지를 준다면 7점 척도이다.

(3점 척도) "동의하지 않는다 - 동의도 반대도 하지 않는다 - 동의한다."

(5점 척도) "매우 동의하지 않는다 - 동의하지 않는다 - 동의도 반대도 하지 않는다 - 동의한다 - 매우 동의한다."
(7점 척도) "전혀 동의하지 않는다 - 대체로 동의하지 않는다 - 약간 동의하지 않는다 - 동의도 반대도 하지 않는다 - 약간 동의한다 - 대체로 동의한다 - 전적으로 동의한다."

앞서 설명한 3점 척도, 5점 척도, 7점 척도는 홀수 개수의 척도이다. 이를 짝수 개수의 척도로 표현할 수 있다. 아주 간단히 설명하면, 중간점에 해당하는 항목을 없애면 된다. 즉 가운데 점(Midpoint)이 없는 것이다.
예를 들어서
(5점 척도) "매우 동의하지 않는다 - 동의하지 않는다 - 동의도 반대도 하지 않는다 - 동의한다 - 매우 동의한다."
→ (4점 척도) "매우 동의하지 않는다 - 동의하지 않는다 - 동의한다 - 매우 동의한다."

즉 긍정적(positive) 의미를 갖는 척도 점의 수와 부정적(negative) 의미를 갖는 척도 점의 수를 동일하게 하고, 중간점(neutral)을 없애므로, 응답이 가운데로 몰리는 현상을 완화해, 응답자로 하여 긍정 또는 부정의 한 쪽을 선택하도록 한 것이다.

여기서 리커트 척도(Likert Scale)와 리커트식 척도(Likert-style Scale), 리커트 방식 또는 리커트형 척도를 구분하자.

리커트 척도는 몇 가지 특성이 있는데, 예를 들어서 다문항 서술문으로 구성 되어져야 하며, 응답 항목들은 태도에 대한 수준으로 원칙적으로 동의의 수준을 나타내는 표현으로 구성되어야 한다. 또한 일정한 간격을 의미하는 용어들로 중간점을 기준으로 대칭을 이루어야 한다. 응답 항목 수는 5개(5점 척도)를 원칙으로 하여, 7, 9, 11개 등 홀수로만 변경할 수 있다.[1]

다른 모든 측면에서 전형적인 리커트 척도와 동일하게 구성되었다고 하더라도, 응답 항목의 수가 홀수가 아닌 짝수로 이루어졌거나 응답 항목이 중간점을 기준으로 대칭을 이루고 있지 않은 척도는 리커트 척도가 아닌 리커트식 척도(Likert-style Scale), 리커트 방식 또는 리커트형 척도라고 명명되어야 한다.[2]

---

[1] [2] Uebersax (2006), 류시현, 윤지현 (2009), 지역사회영양학 연구에서의 리커트 척도 이용현황, 대한지역사회영양학회지

리커트 척도의 중간점, 보통이다?

리커트 척도를 5점 척도, 7점 척도로 구성 시에 중간점을 "보통이다"라고 사용하는 것은 지양하여야 하며, "확신할 수 없음(not sure), 결정할 수 없음(undecided)" 등의 표현으로 사용하는 것이 바람직하다. 굳이 중간이라는 것을 강조하려면 "보통이다" 보다는 "중립적이다"라고 표현하는 것이 낫다.

최초에 리커트가 처음 개발했을 때의 리커트 척도의 응답 문항은 다음과 같다.
Strongly approve-Approve-Undecided-Disapprove-Strongly disapprove 처음 1932년에 리커트가 사용한 중간점의 용어는 "undecided"였으나, 이후 "uncertain or neutral"[3], "neither agree nor disagree"[4] 등이 사용되었다.
최초 리커트가 사용한 "undecided"는 "(찬성인지 반대인지)결정하지 못했다"가 적정하고, "uncertain or neutral"도 "불확실하다 혹은 중립적이다"가 맞는 표현이며, "neither agree nor disagree"도 "찬성도 반대도 아니다"가 맞는 표현이다.

그런데 이러한 중간점의 표현이 우리나라에서는 "보통이다"라는 표현으로 바뀌어 사용된다.
사전에서 "보통"을 검색해 보면, "특별하지 아니하고, 흔히 볼 수 있음.

---

3) 1996, Loewenthal
4) 1997, Albaum

뛰어나지도 열등하지도 아니한 중간 정도"라고 해석되어 있고, 이를 영어로는 "average", "ordinary", "generally" 등으로 표현한다.

즉 원래의 리커트 척도에서 "결정하기 어려운" 또는 "불확실한, 확신할 수 없음"의 태도(attitude)가 우리나라에서는 "중간"(medium)을 의미하는 정도로 태도가 변형된 것이다. 아직 나의 태도를 결정하지 않았다는 것과 나의 태도는 중간의 gray zone에 있다는 것은 큰 차이가 있다.

특히 중간점을 선택하는 성향을 살펴본 연구[5]에 의하면, 한국 응답자와 미국 응답자를 비교 문화적으로 검증한 결과를 확인해 볼 수 있다. 이 연구에 따르면, 한국 표본에 비해 미국 표본에서 중간값을 선호하는 잠재 집단의 크기가 매우 낮게 나타났다고 한다. 즉 미국 응답자들이 한국 응답자들보다 중간점의 범주를 선택하는 경향이 상대적으로 낮다는 것이다.

물론 비교 연구라는 것이 대부분 그러하듯이, 각 표본의 대표성과 비교할 규준집단과의 대응성, 예를 들어서 동일한 연령대, 교육 수준, 직업 등이 전부 동일한 조건이 아니고, 이에 따른 표본오차가 존재하는 상황에서 각 비교집단의 이러한 특징을 모두 반영한 표본이 수집되어 분석되었느냐는 의문점을 제기할 수 있다. 그러나 확실한 것은 이러한 면을 전부 생각하지 않는다고 하더라도, 미국에 비하여 한국 표본이 태도의 의사표시를 함에 있어서 중립적인 응답을 보다

---

[5] 이필석, 천석준, 이선희 (2014), 중간보기 "?"의 차별적 사용에 대한 한국과 미국 간 비교 문화적 검증: 혼합문항반응분석의 적용, 한국심리학회지

많이 선호할 것이라는 사실은 추정할 수 있다. 특히 한국에서 중간점의 표현이 "보통이다"라는 단어를 사용한다면, 중간값의 비중은 더 크게 올라갈 것이다.

따라서 설문조사를 기획할 때, 리커트 5점 척도, 7점 척도로 구성 시 중간점을 "보통이다"라고 사용하는 것은 지양하여야 하며, "확신할 수 없음(not sure), 결정할 수 없음(undecided)", 등의 표현으로 사용하는 것이 바람직하며, 굳이 중간이라는 것을 강조하려면 "보통이다" 보다는 "중립적이다"라고 표현하는 것이 바람직한데, 이것도 좋은 방법은 아니다.

리커트 척도의 중간점은 필요한가?

> 리커트 척도는 태도를 측정하기 위한 것으로, 태도에 이도 저도 아닌 (neither agree nor disagree) 불확실한(uncertain) 태도, 결정하지 않은(undecided) 상태가 있을 수 있고, 부정확한 응답을 선택하는 것을 방지하기 위하여, 중간값의 제공이 필요하다고 본다.

리커트 척도에서 중간점이 존재하는 것은 5점 척도, 7점 척도이며, 중간점이 존재하지 않는 경우는 4점 척도, 6점 척도 등이다.

리커트 척도는 태도(attitude)를 측정하기 위한 것이라고 이미 강조하였다. 태도에 이도 저도 아닌(neither agree nor disagree) 불확실한(uncertain) 태도, 또는 아직 태도를 결정하지 않은 (undecided) 상태가 있을 수 있기에, 중간점이 필요하다고 본다.[6] 또는 부정확한 응답을 선택하는 것을 방지하기 위하여 중간값의 제공이 필요하다고 본다.

그러나 중간점이 진정한 태도를 측정하는, 즉 어떤 항목에 대한 분석과 방향을 결정하는 것에는 방해가 될 수 있다. 설문 응답자들은 주어진 질문에 대해 최선의 답변이 아닌 최소기준을 충족하기에 만족할만한 응답을 하는 경향이 있기 때문이다.[7]

---

6) Menold, Natalija, Bogner, Kathrin (2016), Design of rating scales in questionnaires. GESIS Survey guidelines.
7) 장덕현, 조성겸 (2017), 리커트형 척도의 중간점은 필요한가? 중간점 있는 척도와 없는 척도 간 측정 결과 비교, 조사연구

응답자들은 각각의 설문조사에 응한 동기 수준에서 이에 응답할 만큼만 인지적 자원을 투입하게 되고, 결과적으로 심각한 고려 없이 중간점을 선택해 설문을 완수한다.[8] 따라서 긍정과 부정의 방향을 알 수 없는 중간 응답이 과도하게 클 가능성이 있고, 이렇게 되면 어떤 사안에 대한 찬반은 불명확해진다.

그러면 중간점은 꼭 필요한가? 중간점을 제거하면 어떻게 될까? 간단히 설명하면, 5점 척도에서 중간점을 제거하고, 4점 척도로 구성하는 방법을 생각하면 된다.

(5점 척도) "매우 동의하지 않는다 – 동의하지 않는다 – 동의도 반대도 하지 않는다 – 동의한다 –매우 동의한다."
→ (4점 척도) "매우 동의하지 않는다 – 동의하지 않는다 – 동의한다 – 매우 동의한다."

이 경우 응답자는 실제 태도를 정하지 않았음(undecided 또는 uncertain)에도 불구하고, 긍정 또는 부정의 어느 한쪽을 선택해야 한다. 즉 설문 문항 구성 시 응답자에게 태도 표명을 강제하는 것이다. 쉽게 예측할 수 있는 사항으로 잘 알지 못하는 사항에서 무작위로 응답하거나, 사소한 단서를 갖고 추측하여 응답하거나, 부정 또는 긍정 어느 한쪽으로 몰아서 응답할 가능성 등을 생각할 수 있다.

---

8) Krosnick(1991), 장덕현, 조성겸(2017), 리커트형 척도의 중간점은 필요한가? 중간점 있는 척도와 없는 척도 간 측정 결과 비교에서 재인용

알지 못하는 내용에 대해 긍정이든 부정이든 한쪽으로 몰아서 응답하거나, 사회적으로 바람직한 응답을 생각할 가능성이 있다[9])는 많은 연구 결과가 존재한다.

우리는 하나의 쟁점에 대하여, 해당 연구 결과를 깊이 살펴보는 것보다는 설문조사 기획자로서, 동 내용이 어떤 내용인지, 어떤 영향을 미치는 내용인지를 명확히 아는 것이 중요하기에 아래 내용만 명확히 기억하면 될 것이다.

중간점 존재는 응답하면서 선택해야 하는 과제에 선택 노력을 회피하는 작용을 한다.
구체적으로는 각 설문 문항 특성이 내포하는 의미, 문항이 긍정에 가까운지, 부정에 가까운지 등을 살펴보아야 한다.

이를 이해하면, 아래와 같다.[10])
1) 난도가 있고 지식이 필요한 문항의 경우 중간점이 제거되면 균등 분산되는 경향이 있다.
즉 중간점 제시가 필요한 문항이다.
2) 당위성이 존재하는 경우 중간점 응답은 부정을 내포하기 때문에 중간점 제시가 결과를 왜곡할 수 있다. 이 경우는 중간점 제시가 부정적이다.

---

9) 오인환(1992), 사회조사방법론: 오차요인 집중 연구, 나남
10) 장덕현, 조성겸(2017), 리커트형 척도의 중간점은 필요한가? 중간점 있는 척도와 없는 척도 간 측정 결과 비교, 조사연구

3) 지식을 측정하거나 변화나 전망을 묻는 질문과 같이 알 수 없거나 예측 불가능한 조건이 존재하는 경우 중간점 자체가 타당성을 가진다. 즉 중간점 제시가 필요하다.

4) 일반적 태도 질문에서는 중간점을 제시하는 것보다는 하지 않는 것이 사실을 덜 왜곡할 것으로 보인다. 일반적 태도 문항에서 중간점을 제시하게 되면 이미 부정, 긍정의 태도를 가진 응답자들도 중간점을 채택하는 경향이 일부 나타난다.

다시 한번 정리해 보자.
중간점이 필요한 경우는
1) 난도가 있고 지식이 필요한 문항의 경우
2) 지식을 측정하거나 변화나 전망의 질문과 같이 알 수 없거나 예측 불가능한 조건이 존재하는 경우

중간점이 필요 없는 경우는 아래 경우이다.
1) 당위성이 존재하는 경우
2) 일반적 태도 질문

그러나 실제 설문조사를 가장 많이 하는 공공기관, 여론조사 기관 등에서 설문조사를 진행할 경우, 정부 부처에서 시행하는 현재의 설문조사의 영향을 안 받을 수 없다. 참고로 기재부의 공공기관 고객만족도조사는 11점 척도, 국민인식도조사는 5점 척도, 행안부 정보공개 평가 시 만족도조사는 5점 척도, 권익위 청렴도 조사는

7점 척도로 모두 중간점을 갖고 있다. 권익위 조사는 중간점의 표현으로 "보통이다"를 사용하고 있다.

따라서 설문조사 기획자 등은 위와 같이 중간점이 필요한 경우와 필요 없는 경우에 관하여 각 사례, 의미는 명확히 이해하되, 일반적인 설문 구성 시 중간점이 있는 5점 척도, 7점 척도를 구성하면 큰 무리 없이 중간은 가지 않을까 생각한다.

"중간은 간다!" 우리는 참 "중간"을 좋아하는 모양이다.

그러면 우리가 정말 중간을 좋아할까?
여기서 흥미로운 연구 결과를 하나 소개한다.
'중간보기 "?"의 차별적 사용에 대한 한국과 미국 간 비교 문화적 검증 연구'[11]가 있다.

이미 독자들은 "한국과 미국 간 비교"라는 제목을 보고, 순간적으로 비교를 해 보았을 텐데, 중간점을 한국 응답자가 더 많이 응답하였다고 생각했을까 아니면 미국 응답자가 더 많이 중간점을 응답했다고 생각했을까?

필자가 우리 직원들을 교육하면서 물었더니, 단 1명도 예외 없이 전부 다 한국 응답자가 중간점을 더 많이 사용했을 것이라고 대답했다. 실제 연구 결과도 다르지 않다. 위 연구의 JDI(Job Descriptive Index) 척도를 사용한 직무만족도 조사의 경우, 미국 응답자들이 한국

---

[11] 이필석, 천석준, 이선희 (2014), 중간보기 "?"의 차별적 사용에 대한 한국과 미국 간 비교 문화적 검증: 혼합문화반응분석의 적용, 한국심리학회지

응답자들보다 중간 보기인 "?"범주를 선택하는 경우가 상대적으로 낮은 결과, 즉 "?"를 선호하는 집단의 크기가 한국보다 낮게 나타났다. 나중에 다루겠지만, 2개의 집단을 비교 분석하려면, 각 집단에 속한 개인, 집단 간 동일성 측정 등 여러 고려 요소가 많고, 다른 부분에서 오차가 생길 수도 있다. 그러나 중요한 것은 처음에 우리가 생각했던 것처럼 미국보다 한국 응답자가 중간점을 선택하는 경우가 많다는 것인데, 이는 앞에서 언급했던 중간값의 정의와도 관련이 있다.
"긍정도 부정도 아님(neither agree nor disagree)과 같은 중간 보기가 한국에서는 긍정과 부정 사이에 보통이다"라는 말로 존재하면서, 다소 긍정(mild agreement)으로 해석되는 반면, 미국에서는 다른 범주인 선택 없음(no option)으로 해석될 수 있다는 가능성도 제기되고 있다.[12]

흥미로운 것은 일본, 중국의 응답자도 미국 응답자들보다 중간점을 선택하는 빈도가 높고, 이들도 중간점을 긍정적인 감정(positive emotion)으로 해석한다는 사실이다.[13]

중간점의 의미와 해석을 이제 우리는 이해하였고, 중간점에 대하여 문항 사용도 어떤 주의를 기울여야 하는지를 살펴보았다.

---

12) Riordan,C.M.&Vandenberg, R.J.(1994), 이필석, 천석준, 이선희 (2014), 중간보기 "?"의 차별적 사용에 대한 한국과 미국 간 비교 문화적 검증: 혼합문화반응분석의 적용에서 재인용
13) Jerry W. Lee, Patricia S. Jones, Yoshimitsu Mineyama, Xinwei Esther Zhang (2002), Cultural differences in responses to a likert scale. Research in Nursing & Health

리커트 척도의 5점 척도? 7점 척도?

> 리커트가 최초 설계하고 가장 많이 사용되는 척도는 5점 척도이며, 응답자의 관련 설문에 대한 이해도가 높고, 과거 경험 등이 바탕이 되어 있는 경우는 7점 척도를 사용하는 것이 측정의 유용성을 높이는 것이다.

리커트 척도에서 중간점이 존재하는 것은 5점 척도, 7점 척도 등이며, 리커트식 척도에서 중간점이 존재하지 않는 경우는 4점 척도, 6점 척도 등이다.

현재 기재부의 공공기관 고객만족도조사는 구간이 0점부터 10점까지인 11점 척도이다.
그러면 척도는 어느 정도까지 확장할 수 있는가? 또 어느 정도의 척도를 사용하는 것이 가장 조사의 변별력을 확보할 수 있는가?
예를 들어서 구간을 50개로 나누어 설문조사를 실시할 경우, 과연 조사 결과의 올바른 해석이 가능한가?

1950년대 미국의 조지 밀러(George A. Miller) 교수는 인간이 기억할 수 있는 용량이 얼마나 되는지를 알아보고 여러 가지 실험을 한 결과, 즉시 다시 기억해낼 수 있는 최대량이 7개 정도로 실험을 통해 측정하였고, 사람에 따라 나이에 따라 다를 수 있으나, 7개를 기준으로 ±2, 즉 적게는 5개에서 많게는 9개까지를 인간의 단기

기억용량으로 보았다.[14]

그래서 9개의 분류 구간을 가지는 9점 척도가 정확도가 높은 것으로 한때 인식하였으나, 그 이후 기억용량이 9개가 아니라 4개[15], 또는 3~5[16]개라고 하는 연구 결과도 있다.

물론 단기 기억용량과 설문조사의 척도가 일치하는 것은 아니다.

현실의 각종 조사에서 사용하는 척도의 최대 수는 얼마일까? 척도를 무조건 늘릴 수도 있겠으나, 일반적으로 17점 척도까지 사용하는 사례는 있다. 약간 다른 개념이지만 최근 행정학에서 전문가 의견 수렴을 통한 합의형성모델을 도출하는 기법으로 많이 사용하는 AHP(Analysis Hierarchy Process)[17]는 평가자의 주관적 선호도를 수치로 변환할 때 상대 비교를 위하여 17점 척도를 사용하는데, 이는 기준점을 중심으로 양방향 9점 척도를 사용한 것이고, 이 또한 조지 밀러 교수의 마법의 수(Magical number seven, plus or minus two)의 기준과 같다.

척도의 수와 관련된 연구들은 주로 심리학과 마케팅 분야에서

---

14) George A. Miller (1956), The magical number seven, plus or minus two some limits in our capacity for processing information, The Psychological Review
15) Alan Baddeley (1997), Human Memory: Theory and Practice, University of Bristol
16) Nelson Cowan (2008), What are the differences between long-term, short-term, and working memory? Progress in Brain Research.
17) R.W. Saaty (1987), The analytic hierarchy process-What it is and how it is used, Mathematical Modeling.

이루어졌는데, 대부분 설문 성격에 따른 가장 적절한 선택지 수를 탐색하는 연구들이다. 척도의 선택지 수에 따라 결과의 타당성, 신뢰성 등이 달라진다는 가정하에 많은 서베이 실험이 진행되었고, 이중 척도 문항의 비교 가능성과 관련된 연구는 주로 타당성과 관련하여 진행되었다. 대체로 선택지가 많을수록 타당성이 증가한다는 연구 결과[18], 선택지 수가 타당성에 영향을 미치지 않는다는 연구결과[19], 그리고 7개의 선택지까지는 타당성이 증가하지만, 그 이후에는 별다른 효과가 발생하지 않는다는 연구 결과[20] 등이 존재한다.[21]

또한 응답자가 측정하고자 하는 항목에 대하여 높은 수준의 지식과 관심, 참여(involvement)가 있는 상태이면 7점 척도가 더 유용하다고 보았다.[22]

특히 Kraig Finstad는 요약된 조사, 만족도 조사, 단일항목 평가, 사후 검정 등에 있어서는 5점 척도 보다 7점 척도가 유용성이 높다고 하였다.

---

[18] Donald R. Lehmann & James Hulbert (1972), Are Three-Point Scales Always Good Enough?, Journal of Marketing Research.

[19] Matell M.S. & Jacoby J. (1971), Is there an optimal number of alternatives for Likert scale items?: reliability and validity. Education and Psychological Measurement.

[20] Carolyn C. Preston, Andrew M. Colman (2000), Optimal number of response categories in rating sclaes: reliability, validity, discriminating power, and respondent preferences. Acta Psychologica

[21] 한혁, 금현섭 (2017), 만족도 측정 방법의 비교 가능성 연구: 행정서비스 만족도의 4, 5, 11점 리커트형 문항을 중심으로, 조사연구

[22] Kraig Finstad (2010), Response Interpolation and Scale Sensitivity: Evidence Against 5-point Scales, Journal of Usability Studies.

또한 데이터 해석의 오류를 초래하는 불성실 응답의 원인에 관련하여서도 척도의 숫자가 지나치게 커질 경우, 응답자의 인지적 부담이 커질 수 있으므로, 예외적인 상황이 아니면 7점 척도 범주로 실시하는 것이 바람직하다[23)]는 연구도 있다.

그런데 이것이 우리나라의 경우에는 조금 차이가 있다. 리커트 척도는 태도(attitude)를 측정하기 위한 것이라고 했다. 5점 척도에서 7점 척도로 선택지를 2개 더 준다면, 그에 대한 명확한 태도를 해당 point에 정확히 표시가 되어져야 하는데, 우리가 흔하게 접하는 설문조사에서 표현한 언어로는 이것의 변별이 쉽지 않다.
(5점 척도) "매우 동의하지 않는다 – 동의하지 않는다 – 동의도 반대도 하지 않는다 – 동의한다 – 매우 동의한다."
(7점 척도) "전혀 동의하지 않는다 – 대체로 동의하지 않는다 – 약간 동의하지 않는다 – 동의도 반대도 하지 않는다 – 약간 동의한다 – 대체로 동의한다 – 전적으로 동의한다."

위 문항을 상식 수준에서만 보아도, "약간 동의한다." "대체로 동의한다"라는 말을 구분하려면 한 번 더 생각하는 것이 필요해 보인다. 따라서 위와 같은 표현을,

"000을 만족하십니까? 만족하지 않는 경우 1점, 만족한 경우

---

23) 박원우, 이유우, 마성혁 외 (2021), 설문조사에서 불성실 응답의 원인과 조사설계 단계에서의 예방, 경영학연구

7점으로 구분하여 체감하는 만족도를 평가해 주세요!" 형태의 7점 척도 구간을 사용하는 것을 더 고려해 볼 필요가 있다.

(예) 만족하지 않는 경우 ·· 만족한 경우

	1점	2점	3점	4점	5점	6점	7점
만족도							O

가장 많이 쓰이는 5점 척도와 7점 척도를 설명하였으나, 2~4개의 척도 등 5개보다 낮은 척도의 경우에는 5개 이상의 척도에 비하여 선호도나 신뢰성이 떨어진다는 연구 결과가 있다.[24]

결론적으로 리커트가 최초 설계하고 가장 많이 사용되는 척도는 5점 척도이며, 응답자의 관련 설문에 대한 이해도가 높고, 과거 경험 등이 바탕이 되어 있는 경우는 7점 척도를 사용하는 것이 측정의 유용성을 높이는 것이다.

---

24) Carolyn C. Preston, Andrew M. Colman (2000), Optimal number of response categories in rating scales: reliability, validity, discriminating power, and respondent preferences, Acta Psychologica

리커트 척도의 점수배열은 오름차순? 내림차순?

만족도조사 등 점수를 산출하는 과정에서, 점수의 상승이 필요한 경우는 긍정에서 부정 순의 척도 배열이 효과적이다. 같은 설문조사 안에서, 어떤 문항에서는 부정에서 긍정 순으로 배열하고, 어떤 문항에서는 긍정에서 부정 순으로 배열하는 것은 반드시 피해야 한다.

최초 언급했던 리커트 표현을 다시 한번 보자! 리커트는 1932년에 최초 아래 단어를 사용하였다.

Strongly approve-Approve-Undecided-Disapprove-Strongly disapprove

리커트가 최초 심리 태도를 측정하기 위해 만든 위 척도는, 후에 특정 주제에 대한 인식 조사[25], 마케팅 조사[26], 정치 여론조사[27], 직장에서의 직원 만족도조사 등에서 폭넓게 활용되고 있다.

여러 분야에 활용되면서, "approve"라는 단어는 "agree"라는 단어로 변경되었는데, 최근에는 "Strongly agree-Agree-Neutral-Disagree-Strongly disagree"라는 표현이 주로 사용된다.[28]

---

25) Michael Ryan (1980), The Likert Scale's Midpoint In Communications Research, Journalism & Mass Communication
26) Ron Garland (1991), The Mid-Point on a Rating Scale: Is it Desirable?, Marketing Bulletin
27) Raaijmakers, van Hoof, Hart, Verbogt, Vollebergh, (2000), Adolescents' midpoint responses on Likert-type scale items: Neutral or missing values?, International Journal of Public Opinion.
28) Yonnie Chyung, Katherine Roberts, Leva Swanson, Andrea Hankinson (2017), Evidence-Based Survey Design: The Use of Midpoint on the Likert Scale. Performance Improvement Quarterly

위 구성은 태도를 기준으로 긍정(positive)에서 부정(negative)으로 되어 있다.

그러나 이를 숫자로 의미를 다시 부여해서, 점수로 표시한 것이 부기 되어 있는 경우는 일반적으로 오름차순을 사용하고 있다.

Examples of Items for Surveys

In addition to measuring statements of agreement, Likert scales can measure other variations such as frequency, quality, importance, and likelihood, etc.

Agreement	Strongly Agree	Agree	Undecided	Disagree	Strongle Disagree
Frequency	Always	Often	Sometimes	Rarely	Never
Importance	Very Important	Important	Moderately Important	Slightly Important	Unimportant
Quality	Excellent	Good	Fair	Poor	Very Poor
Likelihood	Almost Always True	Usually Treu	Occasionally True	Usually Not True	Rarely True
Likelihood	Definitely	Probably	Possibly	Probably Not	Definitely Not

예를 들어, "매우 불만족은 1점, 매우 만족은 5점으로 점수를 부여하여 주기를 바랍니다"라고 부연하였을 때는 1점에서 5점으로 오름차순으로 부여하는 것이 일반적이다.

앞에서 이미 살펴본 바 있는 서열척도, 순서형(Ordinal)의 개념이 반영된 것이다.

아주 예외적으로, 매우 만족은 1점, 매우 불만족은 5점으로 부여하라는 식의 설문조사를 본 경험이 있다. 어떤 의도가 있다기보다는 기획자가 제대로 이해하지 못하고 실수한 것이라고 보인다.

그러면 척도를 배열할 때 긍정 표현에서 부정 표현으로 순서를 표현하는 것이 좋은가? 아니면 Negative에서 Positive로 순서를 배열하는 것이 좋은가?

응답 항목의 배열 상황을 조사한 결과가 있는데, 2009년 당시 109편의 논문을 조사해 보니, 논문에 사용된 리커트 척도 조사의 경우, 긍정 항목이 먼저 제시된 경우(52%)가 부정 항목부터 제시된 경우(37%)보다 많았다고 한다.[29]
또한 평가 척도의 배열이 긍정에서 부정으로 제시된 경우가 부정에서 긍정으로 제시된 경우보다 유의하게 긍정 평가 편향이 나타난다는 연구 결과[30]가 있다.
다른 표현으로 시작점을 부정적인 것에서 시작하는 것이 긍정적인 것에서 시작하는 것보다 통계적으로 유의하게 부정적인 결과를 더 보인다.[31]

이것은 사실 뒤에서 설명할 심리학의 선순위 효과(Primacy Effect)와 관련이 있다.
반대로 이러한 배열의 차이가 결과 측정에 영향을 미치지 않는다는

---

[29] 류시현, 윤지현, 2009, 지역사회영양학 연구에서의 리커트 척도 이용 현황, 대한지역사회영양학회지 14회,
[30] D.Kahneman, P.Slovic, A.Tversky (1982), Judgment under uncertainty: Heuristics and Biases, Cambridge University Press
[31] L.Weng, C.Chang (2000), Effects of response: A surveytechnique for eliminating evasive answer bias. Journal of the American statistical association

연구 결과도 존재한다.[32]

   따라서 만족도조사 등 점수를 산출하는 과정에서, 점수의 상승이 필요한 경우는 긍정-부정 순의 척도 배열이 효과적이다. 더 중요한 것은 같은 설문조사 안에서, 어떤 문항에서는 부정에서 긍정 순으로 배열하고, 어떤 문항에서는 반대로 긍정에서 부정 순으로 배열하는 것은 반드시 피해야 한다. 이는 데이터 해석의 오류, 즉 비표본오차를 유발하는 요인으로 작용할 수 있다. 이는 뒤에서 설명할 "불성실 응답의 탐지"와는 다른 논제이다.

---

32) Menold, Natalija, Bogner, Kathrin(2016), Design of rating scales in questionnaires, GESIS Survey Guidelines

1-2-3-4-5-6-7점? (-3)-(-2)-(-1)-0-1-2-3점?

> 같은 7점 척도인데, 1점에서 7점까지 점수 전체가 양수(positive value)에 위치하는 경우(A형)와 중간점에 0점을 사용하여 이를 기준으로 좌, 우 각각 −3점, +3점으로 대칭시켜 반이 음수(negative value)에 위치하는 경우(B형), 100점 만점으로 환산하면 (A형)보다 (B형)의 점수가 더 잘 나온다.

리커트 척도를 점수화했을 때, 형태별 차이가 있는가? 예를 들어 7점 척도를 1-2-3-4-5-6-7점과, "(-3)-(-2)-(-1)-0-1-2-3"점으로 구분하였을 때 결괏값에 유의미한 영향이 있을까?

리커트 척도를 7점 척도로 만족도 조사 또는 인지도 조사를 진행할 경우, 다음과 같이 표현할 수 있다.

"이 시간 교육내용 만족하십니까? 만족하지 않는 경우 1점, 만족한 경우 7점으로 구분하여 체감하는 만족도를 평가해 주세요!" 하고 7점 척도 구간을 1점에서 7점으로 배치한 일반적인 예는 다음과 같다.

(A형)

구분	매우 불만족			중간점			매우 만족
점수	1점	2점	3점	4점	5점	6점	7점

그런데 이것을 다음과 같이 표현할 수 있다. 또 이렇게 표현한 것을 가끔 본다.

(B형)

구분	매우 불만족			중간점			매우 만족
점수	-3점	-2점	-1점	0점	1점	2점	3점

 같은 7점 척도인데, (B)형은 척도에 제시된 숫자를 중간점에 0점을 사용하여, 이를 기준으로 좌, 우 각각 -3점, +3점으로 대칭시켰다.
(A형)은 1점에서 7점까지의 점수 분포로 점수 전체가 양수(positive value)에 위치하고, (B형)은 반이 음수(negative value)에 위치한다.

 이런 경우 7점 척도라는 같은 방식인데, 실제 측정 결과에 영향을 미칠까?
결과부터 이야기하면, (A형)보다 (B형)의 응답자가 오른편에 더 응답하는 것으로 나타났다.
(B형)의 -3점~-1점에 응답하는 응답자가 (A형)의 1점~3점에 응답하는 응답자보다 현저히 적다.
100점 만점으로 환산하는 경우 (A형)보다 (B형)의 점수가 더 잘 나온다는 것을 의미한다.

 같은 결과의 연구 사례는 쉽게 찾을 수 있다. 독일의 연구[33]에 따르면, 독일 성인을 대상으로 인생의 성공 여부에 관한 질문을 11점 척도로 구성하고, 전혀 성공 못함(not at all successful)을 0점,

---

33) N. Schwarz, B. Knauper, H.J. Hippler, et al. (1991), Rating scales numeric values may change the meaning of scale labels, Public Opinion Quarterly.

매우 크게 성공(extremely successful)을 10점으로 배치한 설문과, 같은 11점 척도이지만 전혀 성공 못함(not at all successful)을 -5점, 매우 크게 성공(extremely successful)을 +5점으로 배치한 설문의 응답 결과가 매우 달랐다. 0점~10점으로 중간점을 5점으로 한 경우 0점~5점의 응답 비율이 34%였으나, -5점~+5점으로 중간점을 0점으로 한 경우에는 -5점~0점의 응답 비율이 13%에 불과하였다. 즉 0점~10점으로 표시하였을 때 보다 -5점~+5점으로 표시한 경우가 훨씬 좋은 점수를 받은 것으로 나타났다.

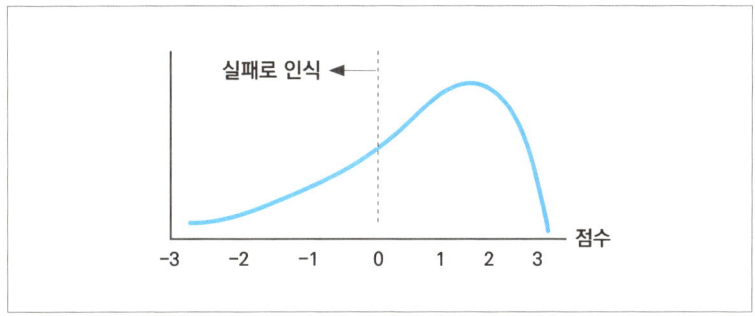

이는 음수로 표시된 항목의 경우 응답자가 이 항목을 "실패(Failure)" 또는 "불행(Unhappiness)"으로 인식하기 때문이다. 즉 실패 등의 부정적인 항목 점수 보다 긍정적인 항목의 점수인 양수에 위치하는 점수를 더 많이 준다는 것이다.

사실 이것도 응답자가 응답에 있어서 편향을 유발하는, 일종의 비표본오차를 유발하는 것이지만, 설문조사를 기획하는 담당자가 처음으로 기획하여 실시하는 설문조사에서, 의도적으로 높은 점수를 받아야 하는 경우가 있다면(예를 들어서 사내직원 근무 만족도조사), 위와 같이 (B형)으로 설문지를 구성하고 100점 만점으로 환산하는 방법도 고려해 볼 만하다.

 사실 정확한 데이터 해석을 위한 오차를 줄이기 위한 노력이 제일 중요하지만, 점수를 높게 받는 스킬이 무엇인지를 설문조사 담당자가 알고 있는 것도 중요한 일이 아닐까?

리커트 척도의 100점 환산?

리커트 척도에서 중간값이 존재하는 것은 5점 척도, 7점 척도, 11점 척도이다. 9점 척도를 사용하는 예는 보지 못했고, 11점 척도는 정부 조사 등에서 많이 사용된다.
조사 후 조사 결과 발표 시 국민들의 직관적인 이해도를 높이고, 전년과의 비교 분석을 용이하게 하기 위하여, 척도를 100점으로 환산하여 100점 만점으로 제시하는 경우가 꽤 있다.

11점 척도의 경우 0점에서 10점까지의 점수 구간을 제시하기에 각 구간의 점수를 그대로 반영하고, 총 문항 수에 따라서 평균을 내면 되기에 100점 환산 점수 산출방식에 이견이 없다.

귀하는 아래의 회사 복지제도에 대하여 만족하십니까?
매우 불만족은 0점, 매우 만족은 10점으로 평가해 주세요!

응답문항	0	1	2	3	4	5	6	7	8	9	10	점수
1번 (출퇴근 버스)										O		10
2번 (구내식당 운영)	O											0
3번 (체력단련장 운영)							O					6
4번 (피복비 보조)				O								3
5번 (경조사 보조)										O		9
점수 계												28

매우 불만족 ---- 매우 만족

이 경우 발표되는 100점 환산점수는 56점

그런데 이를 5점 척도로 환산해 보자.

(A 유형) 5점 척도

귀하는 아래의 회사 복지제도에 대하여 만족하십니까?

매우 불만족은 1점, 매우 만족은 5점으로 평가해 주세요!

응답문항	1	2	3	4	5	점수
1번 (출퇴근 버스)					O	10
2번 (구내식당 운영)	O					2
3번 (체력단련장 운영)			O			6
4번 (피복비 보조)		O				4
5번 (경조사 보조)				O		8
점수 계						30

이 경우 발표되는 100점 환산점수는 60점

(B 유형) 5점 척도

귀하는 아래의 회사 복지제도에 대하여 만족하십니까?

매우 불만족은 1점, 매우 만족은 5점으로 평가해 주세요!

응답문항	1	2	3	4	5	점수
1번 (출퇴근 버스)					O	10
2번 (구내식당 운영)	O					0
3번 (체력단련장 운영)			O			5
4번 (피복비 보조)		O				2.5
5번 (경조사 보조)				O		7.5
점수 계						25

이 경우 발표되는 100점 환산점수는 50점

(A유형)과 (B유형)을 표로 구분해 놓으니, 차이를 쉽게 파악할 수 있고 오류를 이해하기 쉬우나, 많은 사람이 5점 척도를 100점으로 환산하라고 하면, 5개 구간으로 나누어서 2, 4, 6, 8, 10점으로 환산 점수를 부여한다. 이렇게 하면 궁극적으로 매우 불만족으로 표시된 첫 번째 척도 구간도 0점이 아닌 2점이 부여되어, 100점 환산 시 기본 점수 20점이 부여되는 효과를 준다.

7점 척도 환산의 경우도 동일하다.

척도 구간		100점 환산 점수
1점		0점
2점	0+1.67	1.67점
3점	1.67+1.67	3.33점
4점	3.33+1.67	5점
5점	5.00+1.67	6.67점
6점	6.67+1.67	8.33점
7점	8.33+1.67	10점

그런데 척도를 100점으로 환산하는 방법이 위 5점 척도의 예시로 든 (A형), (B형) 말고도 더 있다.

(C 유형) 5점 척도
귀하는 아래의 회사 복지제도에 대하여 만족하십니까?
매우 불만족은 1점, 매우 만족은 5점으로 평가해 주세요!

응답문항	매우 불만족 1	2	3	4	매우 만족 5	점수
1번 (출퇴근 버스)					O	8.34
2번 (구내식당 운영)	O					1.67
3번 (체력단련장 운영)			O			5
4번 (피복비 보조)		O				3.34
5번 (경조사 보조)				O		6.67
점수 계						25

(C 유형)은 척도의 중앙값을 활용하는 방법으로, 이 경우 발표되는 100점 환산점수는 50점이고, 각 척도 구간의 100점 환산값은 다음과 같다.

척도 구간	100점 환산 점수	
1점		1.67점
2점	1.67+1.67	3.34점
3점	3.3+1.67	5점
4점	5+1.67	6.67점
5점	6.67+1.67	8.34점

그러면 비교가 가장 쉬운 5점 척도를 기준으로 10점 환산 방법을 조금 더 보자. A, B, C의 3가지 유형 중 어느 방식이 적정한가?

사실 3가지 방법 모두 한계가 있다. 기본적으로 설문조사로 측정하는 응답자의 태도가 5점 척도의 5구간으로 정확히 구분될 수 있느냐의 기본적인 등간 척도의 문제가 있고, (A)유형처럼 기본값을 제공하면 안된다는 명시된 합의도 없다.

과거 공공부문의 만족도조사를 보면 적지 않은 공공기관에서 만족도 조사의 100점 환산과정에서 최저점을 20점 또는 25점으로 환산한

사례가 있다.[34]

    중요한 것은 기본 점수를 부여하고자 하면, 만족도조사 등 설문조사 실시 후 전체적인 점수가 낮은 것을 확인한 후에 보고서 작성 단계에서 기본 점수를 부여하면 안된다는 점이고, 더 중요한 것은 직전년도 또는 직전 조사와 다른 환산 방식을 임의로 변경하여 적용해서는 안된다는 점이다.
예를 들어서 전년도에는 (B)형을 적용하였는데, 당해 조사 결과 발표 시는 (A)형을 적용하여, 직전 조사와 단순 점수 비교를 하지 말아야 한다.

    필자가 권장하는 것은 굳이 100점 환산을 하지 말고, 적용된 척도 자체로 분석하고, 보고서를 작성하며 결과를 발표하는 것이다. "전년도의 경우 5점 척도 기준 3.85점이었는데, 올해는 3.97점으로 전년 대비 0.12점 상승하였습니다"가 적정하다.

---

34) 한혁, 금현섭 (2107), 만족도 측정 방법의 비교 가능성 연구: 행정서비스 만족도의 4, 5, 11점 리커트형 문항을 중심으로, 조사연구

설문지의 길이는 어느 정도가 적당할까?

> 설문 문항의 개수는 30개 이하, 설문 응답 소요 시간은 15분 이내가 적정하며, 최대 20분을 넘지 않는 것이 효과적이다.

설문지의 길이가 길어지면 응답자의 피로감은 증가하는 반면 흥미는 감소하여 응답의 질이 떨어질 것은 쉽게 예측할 수 있다.

그러나 실무에서는 설문조사를 실시하고자 하는 시행기관이나 부서는 설문조사를 실시하면서 질문하여 확인하고자 하는 사항이 너무 많아서, 일부 질문을 포기하지 못하는 경우를 종종 본다. 설문조사를 한번 실시하는데 따른 비용, 시간과 노력 등을 고려하여 최대한 많은 질문을 확인하고자 하며, 각 문항의 문장 자체도 신뢰성을 확보하기 위하여 자세히 설명하려고 한다.

두 가지 면에서 설문지의 길이가 길어진다. 조사 문항 수가 많아지고, 각 문항의 지문이 길어진다.

실시하는 비용, 시간과 노력을 절약하기 위하여 설문지가 길어졌는데, 설문지가 길어짐에 따라 응답의 질이 저하되고 데이터 해석상의 오류를 유발한다면 오히려 실시하지 않은 것보다 못한 결과를 초래할 수 있고, 또 다른 비용을 유발할 수 있다. 따라서 적정한 길이의 설문을 설계하는 것이 설문조사 실시의 합목적성을 확보하고 데이터 해석의 오류를 방지하는 중요한 기준 중의 하나가 될 것이다.

설문지의 길이는 문항 수와 응답 소요 시간으로 구분하여 살펴볼 수 있다.

뒤에 다루겠지만, 설문조사는 크게 3가지 형태의 조사 방법이 있다. 면접조사, 전화 조사, 인터넷 조사(웹 조사 포함).
각각의 조사에 따라서 문항 수와 소요 시간이 모두 다르고, 설문 소요 시간에 대한 측정 방법도 달라서 일반화하여 설명하기는 어렵지만, 다음과 같은 조사자료들이 판단에 도움을 줄 수 있다.

먼저 리커트 척도 문항 구성 시 몇 개의 문항이 적정한지에 대하여 명확한 기준은 없다. 설문조사 실시 후 문항 분석을 통해 개별문항 점수와 총점 간의 상관계수가 높아 변별력이 높은 것은 약 20개 또는 20~25개로, 20~30개 정도의 서술문으로 구성하도록 하고 있다.[35] 리서치 전문회사인 ㈜오픈서베이가 자사를 통해 진행된 2020년 1,100건의 만족도조사 분석 결과 평균 문항 수가 13.8개라고 발표한 자료도 있다.
명확한 기준은 없지만, 30개 이내로 설문 문항을 구성하는 것이 응답자의 피로도를 낮추고 가장 효율적인 설문 구성을 하는 방법이라고 기억하면 될 것이다.

다음은 설문조사 응답 소요 시간을 살펴보자.
설문조사 응답에 걸리는 시간은 불성실 응답의 판별 요소로 이해되어왔다. 예를 들어서 응답 소요 시간이 지나치게 짧거나, 응답 소요 시간이 지나치게 길면 불성실 응답을 의심해 볼 여지가 있으며,

---

35) Nitko AJ(1983), Kwon(2008), Park(2007), 류시현, 윤지현, 2009, 지역사회영양학 연구에서의 리커트 척도 이용 현황, 대한지역사회영양학회지 14회에서 재인용

이 경우 불성실 응답한 데이터를 어떻게 처리해야 하느냐의 문제에 부딪힌다.

설문조사 응답시간이 지나치게 짧은 것은 설문 문항 구성 시 통제하기 어려우나, 설문조사 응답시간이 길어지는 문제는 사전에 통제할 수 있는 요인이다.

설문조사 소요 시간이 길어질수록 응답의 질이 떨어지게 된다.

응답시간의 길이가 응답자의 인지적 부담에 영향을 미친다는 가정하에 응답 오류율을 측정한 결과, 긴 설문조사에서 응답 오류율이 증가하고, 긴 설문에서 반복적으로 설문에 응답하도록 하는 것이 인지 자원 부족 현상(Resource limitation)을 증가시킨다[36]는 연구 결과가 있다.

불성실 응답과 설문 길이 관련하여, 전체 설문 시간이 15분이 넘어가면 불성실 응답이 발생하기 쉽다는 연구 결과도 있다.[37]

국내 연구 결과도 비슷한데, 21분 정도 되는 짧은 설문지에서는 설문지의 뒤에 있는 문항이 앞에 있는 문항에 비하여 반응의 질이 떨어지지 않는데, 51분 정도 소요되는 긴 설문지에서는 반응의 질이 떨어지는 경향이 있다고 한다.[38]

그럼 정리해 보자! 설문지의 길이는 어느 정도가 적당할까?

---

36) 김영진, 이흥철(2005), 설문 길이가 응답 과정에 미치는 영향, 엠브레인리서치
37) P.Reymond, H.Weber, M.Diamond, E.E.Farmer (2000), Differential Gene Expression in Response to Mechanical Wounding and Insect Feeding in Arabidopsis. The plant cell.
38) 김권현, 유동주, 김형준, 김청택 (2015), 설문지의 길이가 응답의 질에 미치는 영향, 조사연구

설문 문항의 개수는 30개 이하, 설문 응답 소요 시간은 15분 이내가 적정할 것이며, 최대 20분을 넘지 않는 것이 효과적이다.

물론 다른 반론도 있을 수 있겠지만, 설문조사를 기획하고 시행하는 담당자라면 데이터 분석오류를 최소화할 수 있고 비표본오차를 줄일 수 있는 30개 이하 문항과 예상 응답 소요 시간을 최대 20분 이내로 설문을 구성하는 것이 바람직하다.

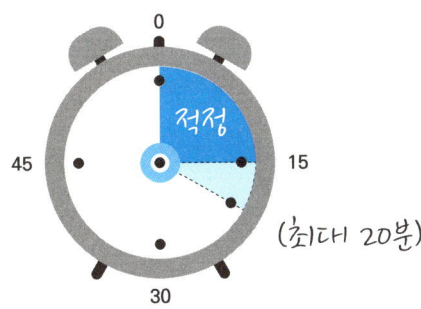

질문 문항 순서가 영향을 미칠까?

> 포괄적 질문 → 구체적 질문의 순서가 구체적 질문 → 포괄적 질문의 순서보다 두 응답 간의 상관관계가 높다. 구체적 질문을 먼저하고 포괄적 질문을 나중에 하는 경우, 앞서 구체적 질문에서 응답한 결과를 배제하고 의도적으로 대비되는 응답을 하는 경향이 있다.

설문지를 설계할 때 질문 문항 제시 방법, 특히 질문 순서에 따라 응답이 달라질까?
질문 문항 순서는 응답자에게 어떤 영향을 미칠까?
설문조사에서 조사설계를 연구한 내용은 다른 분야에 비하여 많지 않다. 최근에는 이런 설문 설계단계에서의 비표본오차를 줄이기 위한 연구가 많이 진행되고 있다.

사내 직원 만족도조사를 예로 들면, 직원 만족도조사 점수가 질문 문항 순서를 바꾸는 것만으로도 점수에 영향을 미칠 수 있는가?

설문조사에서 이런 질문 순서가 영향을 미치는 것을 순서 효과(Order Effect)라고 한다.
순서 효과는 설문의 내용이 같음에도 설문조사의 질문 순서에 의해서 응답 결과가 달라지는 것을 의미하는데, 설문지에 제시된 질문의 순서를 어떻게 구성하느냐에 따라서 응답이 다르게 나타남을 의미한다. 최근 언론보도에 울산과학기술원(UNIST)의 권오성 교수, 문종민 연구원의 면접순서가 평가에 영향을 준다는 연구 결과가 소개되었다.

설문조사에서 순서 효과는 일치 효과(Consistency Effect)와 대조효과(Contrast Effect)로 나눌 수 있다.[39]

일치 효과란 동화효과(Assimilation Effect)라고도 하며, 다수의 질문 문항 중에서 앞의 두 개 이상 질문에 응답한 것이 있으면, 이어지는 응답에서 그와 유사하게 응답하는 경향을 말한다. 이러한 현상이 일어나는 이유는 다수의 질문을 같은 범주로 인식하여, 일치된 응답을 하는 것이 합리적이라는 견해와 심리적으로 복잡한 의사결정을 피하고 안정감을 높일 수 있기 때문이라는 견해 등이 있다.[40]

대조효과는 제시된 여러 문항들 간의 관계를 파악하여 특정 문항에 대해 의도적으로 대비 또는 배제하는 방식으로 응답하는 경향을 말한다. 주로 전반적인 직무만족도와 같은 포괄적인 문항과 임금 등의 구체적인 만족도를 묻는 순서에서 대조효과가 나타난다.

구체적 질문을 먼저 배치하고 뒤에 포괄적 의미의 질문이 나올 때, 포괄적 질문에 대한 응답은 앞서 제시된 구체적 질문의 응답과 상반되거나 차이가 난다. 예를 들어 위의 전반적인 직무만족도를 먼저 묻고 임금 등의 구체적인 만족도를 묻는 경우와 임금 등의 구체적인

---

39) Norbert Schwarz, Fritz Strack, Hans-Peter Mai (1991), Assimilation and contrast effects in part-whole question sequences: A conversational logic analysis, Public opinion quarterly
40) 심형인 (2017), 설문조사에서 질문 문항 순서 및 선택지 순서 효과: 한국문화 측정 문항을 중심으로, 한국행정학보

만족도를 먼저 묻고 전반적인 직무만족도를 묻는 경우와 측정값이 다르다. 연구 결과에 따르면 구체적 질문을 먼저하고 포괄적 질문을 나중에 하는 경우, 앞서 구체적 질문에서 응답한 결과를 배제하고 응답하는 경향이 있다.[41]

포괄적 질문 → 구체적 질문의 순서가 구체적 질문 → 포괄적 질문의 순서보다 두 응답 간의 상관관계가 높다. 그러나 이 경우는 질문 문항이 긍정 질문의 경우에만 통계적 유의성이 나타난다.[42]

---

41) G.M. Herek, J.P.Capitanio (1999) 위 심형인 (2017), 설문조사에서 질문 문항 순서 및 선택지 순서 효과에서 재인용
42) 안명식, 한인수, 오홍석 (2016), 직무만족 조사에서의 질문순서 및 질문 의도 효과에 관한 연구, 한국콘텐츠학회논문지

프라이밍 효과와 휴리스틱스?

프라이밍 효과(점화효과)란 응답자가 같은 질문에 응답하더라도 질문의 맥락과 상황에 따라서 답변이 달라지는 현상을 말하며, 휴리스틱스란 불충분한 시간이나 정보로 인하여 합리적인 판단을 할 수 없거나, 체계적이면서 합리적인 판단이 굳이 필요하지 않은 상황에서, 빠르고 간편하게 추론하여 판단하는 것을 말한다.

이런 접근 시각과 달리 사회 인지 심리학자들은 응답자가 같은 질문에 응답하더라도 질문의 맥락과 상황에 따라서 답변이 달라지는 현상을 프라이밍 효과(Priming Effect, 점화효과)라고 한다.

기억 속에 저장되어 있던 특정 지식을 활성화하는 일종의 단서를 점화 자극(Prime)이라고 하는데, 점화 자극으로 활성화된 지식이 새로운 정보의 지각과 해석에 영향을 미치는 것이다.

이를 응답 과정에서 살펴보면, 응답자들이 설문 문항마다 개별 기억 또는 구체적 정보를 탐색하기보다는 이전에 응답한 내용 자체가 새로운 정보가 되어 정보 탐색단계를 생략하거나, 이전 문항의 판단단계와 이후 문항의 정보 탐색단계와 중첩되는 현상으로 본다.

프라이밍 효과를 주장하는 연구자들은 사람들이 문제를 풀거나 질문에 대해 응답할 때, 자신의 모든 기억과 정보를 활용하는 것이 아니라, 주어진 질문과 관련된 기억 중에 가장 쉽게 접근할 수 있는 내용에 근거하여 응답한다고 본다.

설문지에 대한 응답도 앞에 제시된 질문에 의해 활성화된 기억과 정보에 영향을 받아 이후에 제시되는 질문의 답이 영향을 받게 된다고 보는 것이다.

「2019 정부 역할에 대한 국민인식도 조사」의 분석자료를 기준으로 한 연구[43]에 따르면, 포괄적 질문으로 정치 성향을 묻는 문항을 조사의 첫 문항으로 배치하는 경우와 후반부에 배치하는 경우로 나누어 차이를 살펴보았다. 정치 성향을 먼저 응답하고 이후 정부에 대한 태도나 평가 등에 대한 문항들에 대해 응답하는 경우와 그 순서를 거꾸로 하여 정치이념을 설문 후반부에 배치한 경우, 응답시간에 유의미한 차이가 있다.

5점 척도 문항 71개로 측정한 결과, 정치 성향을 먼저 응답한 경우는 평균 응답시간이 약 666초인데 반해, 정치 성향을 후반부에 배치한 경우는 평균 응답시간이 786초로 나타났다. 즉 첫 문항이 길잡이 역할을 한 것인데, 이러한 순서 효과가 인지 과정의 축소와 중첩과 관련된 것으로, 전면 배치된 문항이 점화 역할을 하여 응답시간의 축소를 나타낸다는 것이다.

프라이밍 효과와 더불어 하나 더 알아야 할 것은 기준점 조정 발견이다. 기준점 조정 발견은 사람들이 불확실한 상황에서 어떤 결정을 할 때, 처음 입력된 숫자, 가치, 척도를 기준으로 예측치를 조정한다는 것이다.[44]

---

43) 이슬기, 금현섭 (2022), 설문조사에 있어서 순서효과에 대한 연구, 조사연구
44) D.Kahneman, P.Slovic, A.Tversky (1982), Judgment under Uncertainty: Heuristics and Biases, Cambridge University Press.

자신이 익숙하지 않고 생소한 상황에서 결정할 때, 처음 제시된 문제에 대한 자신의 응답을 기준으로 삼아, 그 이후 문제에 대한 응답을 조정해 나간다는 뜻이다.

이러한 현상 때문에 설문 문항에 응답할 때도 각각의 문항에서 자신의 태도, 생각 등을 충분히 고려한 후 응답을 하는 것이 아니라, 앞에 제시된 문항에서 자신이 대답한 것을 기준으로 이후 질문에 응답하게 된다고 본다. 이는 처음 제시된 문항의 응답 내용으로 뒤 문항의 답이 영향을 받는 결과를 초래한다.

프라이밍 효과를 설명하면서 휴리스틱스(Heuristics)를 설명하지 않을 수 없다.

휴리스틱스란 불충분한 시간이나 정보로 인하여 합리적인 판단을 할 수 없거나, 체계적이면서 합리적인 판단이 굳이 필요하지 않은 상황에서 사람들이 빠르고 간편하게 추론하여 판단하는 것이다. A.Tversky에 의하면 인간은 불확실성 하에서 확률이론의 법칙에 따라 논리적 판단을 하기보다는 휴리스틱스에 의존하여 매우 단순하고 신속한 판단을 하는 존재이다.[45]

휴리스틱스에 의한 의사결정은 의사결정과정에서 시간과 노력의 절감이란 측면에서 효율적일 수 있으나, 정확하지 못한 판단을 초래하고 의사결정자 자신이 이를 자각하지 못하여, 이를 근거로 한 정책 결정에 오류를 초래한다는 것이다.

---

45) D.Kahneman, P.Slovic, A.Tversky (1982), Judgment under Uncertainty: Heuristics and Biases, Cambridge University Press.

휴리스틱-체계적 모델(Heuristic-Systematic Model)은 의사결정을 할 때, 기존 정보들에 주목하여 객관적으로 분석하고, 찬반의 논지를 신중하게 숙고하여 의사결정을 하는 것과 이러한 정보에 대한 접근이 제한적이고 해당 문제에 관심과 참여가 적을 뿐만 아니라 의사결정을 하는 능력이 부족한 경우 인지적 노력을 최소화하여 간단한 규칙이나 이용할 수 있는 단서, 경험, 직관 등에 의하여 의사결정을 하는 것으로 크게 2가지로 구분한다. 즉 합리적 사고에 의한 의사결정과 직관적 사고에 의한 의사결정으로 구분해 볼 수 있다. 정당 정책 선호도 조사 등 관련하여 정책에 대한 직접적인 정보나 지식이 없어도, 인물에 대한 선호도, 정당 자체에 대한 선호도 심지어는 지역에 대한 선호도 등 자신이 가진 휴리스틱스를 활용하여 정당 정책의 선호도를 결정할 수 있으나, 정치적 정보가 매우 낮은 사람들 또는 잘못된 정보를 가지고 있는 사람들은 휴리스틱스를 제대로 사용하기가 어렵다. 이에 따라 해당 정보의 소통이 매우 중요하다고 한다.[46]

사내직원 직무만족도조사 또는 인지도 조사 등을 기획할 때 사전에 관련 정보를 전달하는 소통 기회를 가진 후 조사한다면, 조사에 휴리스틱스를 활용하는 좋은 방법이 될 것이다.
휴리스틱스에 의한 편차는 설문 구성 단계뿐만 아니라 조사 종료 후 데이터 해석단계에서도 작용한다.

---

46) J.H.Kuklinski, P.J.Quirk (1998), Reconsidering the Rational Public: Cognition, Heuristics and Mass Opinion, Cambridge University Press.

문항 응답 순서가 영향을 미칠까?

다수의 질문 문항 중에서 앞의 두 개 이상 질문에 응답한 것이 있으면, 이어지는 응답에서 그와 유사하게 응답하는 경향이 있다. 구체적 질문을 먼저하고 포괄적 질문을 나중에 하면 앞서 구체적 질문에서 응답한 결과를 배제하고 응답하는 경향이 있다.

질문 문항의 순서, 배열 외에 응답할 선택지의 배열순서가 영향을 미칠까?
만약 영향을 미친다면, 질문 문항 순서의 배열과 함께 반드시 고려해야 할 사항이다.

선택지의 배열이 조사 결과에 영향을 준다는 논의는 선순위효과(Primacy Effect)와 후순위효과(Recency Effect)로 설명할 수 있다. 선순위효과와 후순위효과가 일어나는 이유는 인지정교화 이론(Cognitive Elaboration Theory)으로 설명된다. 인지정교화 이론은 교수법을 설명하기 위한 것으로 학습자의 학습효과를 높이기 위해서는 학습 내용의 의미를 개념적 정교화, 절차적 정교화, 이론적 정교화를 거쳐서, 이해하기 쉬운 것부터 시작해서 점차 난도를 높여 나가는 순차적 접근이 필요하다고 본다.[47] Reigeluth는 이를 줌(Zoom)렌즈로 비유하여, 어떤 사물을 파악하여 이해하기 위해서는 먼저 전체적인 상황을 파악하고, 그것을 바탕으로 점차 구체화 된

---
47) C.M.Reigeluth, F.S.Stein (1983), The Elaboration Theory of Introduction, Syracuse University.

학습이 필요하다고 말했다.

이 이론에 의하면 설문조사에 응답할 때, 응답자가 선택하고자 하는 선택지가 처음, 중간, 마지막의 위치 여부, 설문조사가 전화 설문과 같은 청각 방법으로 인지하는 것인지 아니면 종이 설문지와 같이 시각으로 인지하는 것인지, 먼저 제시된 선택지가 응답자의 동의를 끌어내는 항목인지 아니면 반대하는 것인지 등이 응답에 영향을 준다고 한다.

예를 들어 응답자가 시각으로 인지하는 설문조사의 경우 일반적으로 앞서 제시된 선택지를 더 깊이 생각하는 선순위효과가 발생하고, 청각으로 인지하는 설문조사의 경우에는 뒤에 제시하는 선택지를 더 깊이 생각하고 선택하는 후순위효과가 발생한다. 또한 설문지에서 우선적으로 제시되는 선택지가 응답자의 동의를 끌어내기 어려운 경우 후순위효과가 발생하고, 청각에 의한 설문의 경우 마지막에 제시되는 선택지가 응답자의 동의를 끌어내기 어려운 경우 선순위효과가 발생한다.

아래 만족이론도 이와 유사한 결과를 보인다.
만족이론에서는 질문의 난도가 높고, 응답자의 교육 수준 및 인지 능력이 낮아 정보처리 능력이 부족한 경우, 관심도가 떨어질수록 설문지 등의 자기 보고식 설문에서는 선순위효과가, 전화설문에서는 후순위효과가 더 크게 나타난다고 하였다.[48]

---

48) Simon (1957), Models of Man, 심형인 (2017), 설문조사에서의 질문문항순서 및 선택지 순서 효과에서 재인용

정리해 보자!

질문 문항 순서뿐 아니라 응답 순서도 결과에 영향을 미친다.

다수의 질문 문항 중에서 앞의 두 개 이상 질문에 응답한 것이 있으면, 이어지는 응답에서 그와 유사하게 응답하는 경향(일치효과)이 있고, 구체적 질문을 먼저하고 포괄적 질문을 나중에 하는 경우에는 앞서 구체적 질문에서 응답한 결과를 배제하고 응답하는 경향이 있다. 즉 동일하게 응답하지 않는다(대조효과). 전반적 질문을 먼저하고 구체적(세부적) 질문을 나중에 하는 경우가 반대의 경우보다 응답 상관관계가 더 높다.[49] 또 사전에 관련 정보를 전달하는 소통 기회를 가진 후 조사를 시행한다면, 조사에 휴리스틱스를 활용하는 방법이 될 것이다(사내직원 직무 만족도조사 등).

응답 순서 관련하여서 PAPI, CAPI 등 자기 응답방식의 설문조사에서는 일반적으로 앞서 제시되는 선택지에 더 많이 생각하고 응답하나(선순위효과), CATI의 경우에는 일반적으로 뒤에 제시되는 선택지에 더 많이 생각하고 응답한다(후순위효과)

---

49) 안명식, 한인수, 오홍석 (2016), 직무만족 조사에서의 질문순서 및 질문 의도 효과에 관한 연구, 한국콘텐츠학회논문지

(순서효과 관련 이론)

이론	설문방법	이유	효과
인지 정교화 이론	눈으로 보고 응답하는 자기보고방식	앞에 제시되는 문항에 대하여 더 많이 생각	선순위 효과
		"동의하지 못하는 문항"이 앞에 제시될 때는 뒤에 제시된 항목에 대하여 더 많이 생각	후순위 효과
	불러주는 것을 듣고 답하는 전화조사	뒤에 제시되는 문항에 대하여 더 많이 생각	후순위 효과
		"동의하지 못하는 문항"이 뒤에 제시될 때는 앞에 제시된 항목에 대하여 더 많이 생각	선순위 효과
만족 이론	눈으로 보고 응답하는 자기보고방식	앞에 제시된 문항에 대하여 더 많이 생각	선순위 효과
	불러주는 것을 듣고 답하는 전화조사	뒤에 제시된 문항에 대하여 더 많이 생각	후순위 효과

 이것만 정확히 알아도 질문 문항의 순서 배열과 응답 문항의 순서 배열은 할 수 있고, 왜 그렇게 했는지를 설명할 수 있을 것이다.

역코딩이란?

역코딩은 응답오차 발생을 방지하기 위하여 설문의 지문이나 선택지의 방향을 다른 질문과는 반대로 제시하는 것으로, 설문 문항을 긍정문과 부정문으로 구분하여 특정 질문을 반대로 표현하는 것이다.
그러나 역코딩은 근본적으로 데이터 해석상 오류를 초래할 수 있다.

역코딩(Reverse Coding)은 설문의 지문이나 선택지의 방향을 다른 질문과 반대로 제시하는 것이다. 예를 들어 사내직원 직무 만족도 조사를 할 경우 "당신은 우리 회사를 신뢰하십니까?"라는 질문처럼 긍정적인 질문을 계속하는 중에, "당신은 연수실을 불신하십니까?"라고 묻는 경우가 역코딩이다.

(보수, 복리후생에 대한 만족도)

항목	보수, 복리후생 부문 평가	매우 그렇다	그렇다	중립이다	그렇지 않다	매우 그렇지 않다	비고
1	회사는 직원 역량개발을 지원한다.						
2	회사는 직장생활에 도움이 되는 교육 프로그램을 운영중이다.						
3	회사는 교육프로그램 개발을 위해 다양한 노력을 기울인다.						
4	회사는 직원의 교육 참여를 방해한다.						역코딩
5	퇴직 후 준비를 위한 교육 프로그램도 충분하다.						

설문 구성 단계의 논점들

역코딩의 필요성은 합리적 의사결정이론 관점에서, 응답자가 합리적 의사결정 하에서 응답하는 중 특정 단계에 문제가 발생하여 응답 오차가 발생하는 것을 방지하는 방법으로 인식되어왔다. 대표적으로 응답자의 부주의와 무비판적인 긍정적 답변, 같은 형태의 문항이 계속될 때 나타나는 응답자의 집중력 감소 및 인지능력 저하를 방지하기 위하여 응답자의 주의를 환기해서 합리적 의사결정을 계속하도록 할 수 있다는 가정이다.

이에 더불어 지속해서 특정 항목에 응답하는 불성실 응답을 방지하는 방법으로 사용되었다.

설문조사에서 주로 사용되는 역코딩 방법은 문항의 언어 극성(Linguistic Polarity)을 반대로 하는 것이다. 즉 설문 문항을 긍정문과 부정문으로 구분하여 질문을 반대로 표현하는 것이다.

설문조사 설계 시 역코딩 문항은 꼭 필요한가?
이것을 살펴보기 전 하나 언급하고 싶은 것이 있다. 설문 문항을 설계하면서 위의 필요성을 인지하여 역코딩 문항을 삽입하였다면, 이 설문지는 최소한 설문 설계에 대한 기본교육을 받은 설계자가 설계한 제대로 된 설문이라고 말하고 싶다. 현장에서는 온라인 포맷을 활용한 소규모 서베이가 많이 시행되면서 역코딩의 정확한 존재도 인식하지 못하면서 설계된 역코딩 문항을 많이 보았다. 데이터 해석에 큰 오류를 초래할 수 있는 우려스러운 일이다.

역코딩의 필요성을 강조하는 견해와 달리, 적지 않은 실증연구들이 역코딩 자체가 또 다른 오류를 초래할 수 있음을 지적하고 있다.

첫째, 응답자의 부주의(respondence inattention)이다. 응답자의 부주의를 방지하기 위하여 설계한 역코딩 문항이 응답자의 주의를 환기하는 역할을 하기보다는 응답자를 혼란하게 하여 오히려 응답오차를 발생시킬 가능성이 크다.[50] 즉 부주의를 방지하기 위한 역코딩이 부주의를 초래하는 것이다.

둘째, 응답자의 순응효과(respondent acquiescence)이다. 응답자가 설문에 응답할 때 설문 문항에 무비판적으로 동의하는 경향을 의미한다. 문항에 응답해오던 응답자들이 주의를 기울인다고 하더라도 응답자들은 내용에 상관없이 동의하는 방향으로 선택한다는 것이다.[51] 즉 문항이 역코딩으로 설계되어 있어도 답은 앞의 패턴을 그대로 따라 긍정적인 선택지를 선택할 가능성이 높아진다는 것이다.

셋째, 문항 이해에 대한 어려움(item verification difficulty)이다. 역코딩으로 설계된 부정문의 경우 응답할 때 추가적인 해석이 첨부되기에 잘못된 응답을 할 가능성이 높다. 따라서 질문을 해석하고

---

50) Aimee L. Drolet & Donald G. Morrison (2001), Do we really need multiple-item measures in service research?, Journal of service research.
51) John J. Ray (1983) Reviving the problems of acquiescent response bias. The journal of Social Psychology.

판단하는데 어려움이 더 따르기 때문에 응답시간이 더 길어지고 부정확한 응답을 초래한다는 것이다.[52]

리커트 척도의 역코딩 항목에 대한 응답을 확인한 결과 잘못된 응답(misresponse)이 평균적으로 거의 20%에 달하며, 이러한 잘못된 응답은 중간점을 기준으로 양쪽으로 반대되는 응답항목이 존재하기 때문이라는 연구 결과도 있다.[53]

위와 같은 견해를 종합해 보면, 역코딩의 필요성에 대한 긍정적인 측면과 부정적인 측면이 함께 존재한다는 것을 알 수 있다. 긍정적인 면과 부정적인 면을 함께 비교한 연구[54]를 보면, 역코딩이 응답자의 주의를 환기함으로써 부주의와 무비판적인 순응 현상을 줄일 수 있다는 주장은 타당성을 재검토할 필요가 있다고 한다. 즉 역코딩이 응답자의 오차를 줄이는 역할을 하지 못한다는 뜻이다. 또한 역코딩이 설문 문항의 긍정문과 부정문의 비대칭적 배치로 인한 문제를 중화시키기 위한 것이라면 사용을 검토해 볼 수 있지만, 이 또한 상이한 개념을 측정하는데 해석상의 오류를 유발할 수 있다.

---

52) Bert Weijters & Hans Baumgartner (2012), Misresponse to reversed and negated items in surveys: A review. Journal of Marketing Research.
53) Scott D.Swain, Danny Weathers, Ronald W.Niedrich (2008), Assessing three sources of misresponse to reversed Likert items. Journal of Marketing Research.
54) 고길곤, 탁현우, 강세진 (2015), 설문조사에서 문항의 역코딩 여부가 응답결과에 미치는 영향: 자아존중감과 자기효능감 측정사례를 중심으로, 한국행정학보

필자의 개인적인 견해를 더하면 역코딩은 근본적으로 데이터 해석상 오류를 초래할 수 있다. 예를 들어서 명백한 역코딩 문항에 다른 항목과 같은 패턴의 응답을 한 경우에 이것을 해석할 것인가 아니면 결측 처리를 할 것인가는 또 고민해야 할 문제이다.

따라서 앞에서 제시한 소요 시간 15분 이내의 30문항 이내 설문 설계의 경우에 역코딩 문항 설계는 바람직하지 않다고 본다.

설문 문항은 긍정문이 좋은가? 부정문이 좋은가?

> 설문 문항 또는 척도를 제작할 때 자기효능감 측정 등에서는 부정 문항을 사용하는 것이 긍정 문항을 사용하는 것보다 더 높은 점수를 받는다는 연구 결과 등이 있으나, 일반적으로 부정 문항을 사용하는 것은 바람직하지 않다.

앞에서 역코딩을 살펴볼 때, 역코딩 방법은 문항의 언어 극성(Linguistic Polarity)을 반대로 하는 것으로, 설문 문항을 긍정문과 부정문으로 구분하여 질문을 반대로 표현하는 것이라고 하였다.
그러면 설문 중간의 역코딩이 아닌, 설문 문항을 구성할 때는 전반적으로 긍정문으로 구성하는 것이 바람직한가? 아니면 부정문으로 구성하는 것이 바람직한가?

질문 순서뿐만 아니라 설문에 대한 안내문이나 지시사항 등 연구자의 질문 의도를 나타낼 수 있는 단어들도 개인의 태도 형성에 영향을 줄 수 있다. 설문 응답자들은 연구자의 소속이 어디인지에 따라서 달리 응답하는 경우도 있었으며, 실제로 존재하지 않는 허구적인 것에 대해서도 연구자의 의도대로 응답하는 경향이 있다.[55] 설문 문항 설계를 할 때 긍정문으로 설문 문항을 구성해야 할지 부정문으로 구성해야 할지를 검토해 보아야 한다.

---

55) Norbert Schwarz, Fritz Strack, Hans-Peter Mai, (1991), Assimilation and contrast effects in part-whole question sequences: A conversational logic analysis. Public opinion quarterly.

실제 현장에서 조사되는 설문을 보면, 특히 요즘 일상화된 서베이폼을 활용한 설문조사의 경우 이러한 문제에 대한 깊은 고민 없이 설문 문항이 구성되었다는 느낌을 받는 설문조사를 가끔 접한다.

그러나 긍정문으로 구성된 경우와 부정문으로 구성된 경우 틀림없이 차이가 존재하므로, 사전 설문 구성 단계에서 반드시 검토 되어져야 한다.

자아존중감과 자기효능감 측정사례를 연구한 결과를 보면, 긍정형 문항이 부정형 문항보다 낮은 응답 값을 보인다, 대부분 질문에서 전체적으로 부정 문항이 긍정 문항에 비해 평균 점수가 높다. 100점 만점으로 환산하면 자아존중감은 10.5점, 자기효능감은 7.6점 정도 차이가 난다.

이는 긍정적인 문항에 대해서는 극단적인 긍정보다는 중간적 긍정으로, 부정적인 문항에 대해서는 반대로 중간적 부정보다는 극단적인 부정으로 답변하는 경향을 보이고 있기 때문이라고 한다. 이러한 경향으로 인하여 긍정문 점수로 변환시켰을 때 부정문 문항이 긍정문 문항보다 평균이 더 큰 것으로 나타난다.[56]

비슷한 연구로 대표적 직무만족 측정을 위해 가장 많이 사용되고 있는 JDI(Job Descriptive Index)를 사용하여 직무만족도를 측정한

---

56) 고길곤, 탁현우, 강세진 (2015), 설문조사에서 문항의 역코딩 여부가 응답결과에 미치는 영향: 자아존중감과 자기효능감 측정사례를 중심으로, 한국행정학보

결과를 살펴보자. 하나는 직무만족을 측정했고 또 하나는 직무 불만족을 측정했다. 연구 결과에 따르면 긍정형 질문을 통한 직무만족 측정과 부정형 질문을 통한 직무 불만족 측정의 만족도 조사가 다를 수 있다는 점은 확인하였으나, 이 두 가지 방식의 점수 차이에 대하여 통계적으로 유의미한 결과는 확인하지 못하였다고 한다.[57]

그러나 설문 문항을 제작할 경우, 한가지 설문에서 긍정 문항과 부정 문항을 혼합하여 제작하는 것은 바람직하지 않고, 특히 척도를 제작할 때 가능한 부정 문항을 사용하지 않는 방식이 적정하며 권고된다.[58]

종합해 보면 설문 문항 또는 척도를 제작할 때 부정 문항을 사용하는 방법은 자기효능감 측정 등에서 부정 문항을 사용하는 것이 긍정 문항을 사용하는 것보다 더 높은 점수를 받는다는 연구 결과 등이 있으나, 일반적으로 부정 문항을 사용하는 것은 권고되지 않는다.
또한 부정 문항을 사용하여 당해 연도의 일부 조사에서 상대적으로 높은 점수를 받았다고 하여도, 차기 연도의 동일한 설문조사에서 전년 대비 비교 수치에서 차이를 얻지 못한다면, 부정 문항을 사용해야 할 필요성을 설명하기가 어렵다. 즉 설문조사에서 일반적으로 부정 문항을 사용하는 것은 권고되지 않는다.

---

57) 안명식, 한인수, 오홍석, (2016), 직무만족 조사에서의 질문 순서 및 의도 효과에 관한 연구, 한국콘텐츠학회논문지
58) J.Jackson Barnette (2000), Effects of stem and Likert response option reversals on survey internal consistency: Alternative to using those negatively worded stems, Educational and psychological measurement.

지시문은 필요한가?

지시문은 불성실 응답을 줄이기 위한 목적으로 설문 응답 시 의사결정이 명확하고 효과적으로 이루어질 수 있도록 설문 주제를 사전에 제시하는 역할을 할 수 있다. 지시문을 활용할 때는 연구자의 권위가 전달되면서 응답자의 몰입이 떨어지지 않도록 문맥 안에서 신중하게 사용되도록 구성되어야 한다.

지시문이란 불성실 응답(careless responding)을 예방하기 위하여, 응답자가 설문에 성실하게 응답하도록 설문지 시작 부분의 지시사항에 성실한 응답을 독려하는 문구 또는 경고문을 삽입하는 것을 말한다. 이런 지시문은 불성실 응답을 줄이기 위한 목적으로 설문 응답 시 의사결정이 명확하고 효과적으로 이루어질 수 있도록 설문 주제를 사전에 제시하는 역할을 할 수 있다.

이러한 지시문은 긍정적 지시문, 경고형 지시문, 상호작용 지시문의 3가지로 나누어 볼 수 있다.

첫째, 긍정적 지시문은 설문에 응답하도록 동기부여를 통해 설문에 성실 응답을 촉구하는 형태의 지시문을 설문 전반에 삽입하는 것이다. 예를 들어서 "귀하가 응답한 설문은 향후 조직의 의사결정에 큰 영향을 미친다."와 같은 문구를 삽입하는 것이다.

둘째, 경고형 지시문은 경고성 문구를 넣는 방법으로 "응답이 불성실

하면 통계처리에서 제외될 수 있다." 또는 "불성실 응답으로 간주 될 때 인센티브 지급에서 제외될 수 있다." 등 경고성 메시지를 설문 전반에 삽입하는 방법이다.

셋째, 상호작용 기법은 응답자와 설문자 간의 상호작용이 불성실 응답을 줄인다는 가정하에 설문이 완료된 후 응답자에게 직, 간접으로 응답의 질에 대하여 피드백을 주겠다는 내용을 삽입하는 것이다. 예를 들어서 "설문이 완료된 후 설문의 내용에 대하여 피드백을 제공할 것이다." 등의 문구를 설문 전반에 삽입하는 것이다.

지시문 활용 연구들은 하나의 지시문을 사용하여 불성실 응답을 줄이는 것은 한계가 있다고 보고, 특히 경고성 지시문을 사용할 때는 응답자가 거부감을 느끼지 않도록 신중하게 활용되어야 한다고 강조한다. 설문조사에서 지시문을 활용할 때는 연구자의 권위가 전달되면서 응답자의 몰입이 떨어지지 않도록 문맥 안에서 신중하게 사용되도록 구성되어야 한다.[59]

---

59) 박원우, 이유우, 마성혁 외 (2021), 설문조사에서 불성실 응답의 원인과 조사설계 단계에서의 예방, 경영학연구

불성실 응답이란?

불성실 응답은 "부주의하게 설문에 응답하는 것"과 "의도적으로 무작위로 응답하는 것"으로 구분할 수 있는데, 불성실 응답이 발생하면 정확한 데이터 해석을 어렵게 하고, 궁극적으로 설문조사의 신뢰성을 떨어트린다.

불성실 응답(careless responding)은 일반적으로 패널조사와 같이 반복적인 설문조사로 인하여 응답자가 설문 문항에 익숙해지거나, 설문 문항 수가 많아서 응답자의 피로가 증가할 때 발생하며, 응답자의 성격과 특성, 동기부여, 설문의 구성 형태, 설문 참여에 대한 보상의 지급 등과 같은 여러 요인에 의하여 발생할 수 있다.[60]

불성실 응답의 형태는 크게 두 가지로 볼 수 있는데, 응답자가 "부주의하게 설문에 응답(careless responding)하는 것"과 "의도적으로 무작위로 응답(random responding)하는 것"으로 살펴볼 수 있다.
불성실 응답이 발생하면 정확한 데이터 해석을 어렵게 하고, 궁극적으로 설문조사의 신뢰성이 떨어진다.
불성실 응답은 공통적으로 "적당한 응답 가설(Satisficing Hypothesis)"로 이해할 수 있는데, 응답자들이 적당하게 응답하는 경향(satisficing behavior)이 있다고 본다. 적당한 응답이란 조사

---

[60] 박원우, 마성혁, 배수현 외 (2020), 설문조사에서 불성실 응답의 탐지방법과 제거의 효과에서 재인용

문항에 대하여 철저한 이해와 정보처리 과정을 거쳐서 응답하는 것이 아니라, 비교적 만족할만한 수준까지만 인지적 영역에서 정보처리를 한 후 답변하는 행동을 말한다. 설문에 정확하고 충실한 답변을 하는 것은 응답자로 하여 상당한 수준의 인지적 노력을 요구하기 때문에, 일부 응답자들은 높은 수준의 인지적 노력을 하지 않고 설문 자체에서 받은 인상을 기반으로, 정확한 답변 대신 자신들이 적당하다고 생각하는 객관식 보기를 선택한다는 것이다.

설문조사에서 응답자가 보이는 적당한 응답 유형은 1) 첫 번째 보기를 답으로 선택하는 경향, 2) 질문에 대해 긍정적으로 응답하는 경향, 3) 비차별적으로 똑같이 응답하는 경향, 4) "잘 모르겠음"으로 응답하는 경향, 5) 객관식 설문에서 무작위로 응답하는 경향으로 구분할 수 있다.

이러한 불성실 응답은 특히 최근 광범위하게 사용되는 온라인 설문에서, 데이터의 질을 떨어트리는 요인으로 지목된다. 이 경우 상당한 비용을 들여 설문을 시행하고 이를 바탕으로 중요한 의사결정을 진행하는 각 기관이나 기업이 잘못된 의사결정을 도출하는 원인으로 작용할 수 있다.

그러면 이러한 불성실 응답을 탐지하는 방법은 무엇이 있는가? 이 책의 머리말에서도 이야기하였지만, 이 책은 어려운 통계적 이론이나 사회조사방법론적 이론의 설명보다는 보편화된 인터넷 설문조사 등을 설계하고 기획하는 각 기업과 공공기관의 담당자들에게 설문조사의 기본적인 지식을 전달할 목적으로 기술하였기에, 실무에서 쉽게 적용할 수 있는 탐지 방법에 대하여 설명하도록 한다.

불성실 응답 탐지 방법?

부득이한 사유로 설문 문항이 길어져서 불성실 응답을 유발할 가능성이 크고 불성실 응답을 탐지할 필요가 있다고 판단되면, 가장 쉽고 간편한 지시적 조작 문항과 가짜 문항 삽입의 2가지 방법을 동시에 사용하는 것을 고려할 수 있다.

불성실 응답의 탐지 방법은 다음과 같이 살펴볼 수 있다.[61]

첫째, 자기 보고식 노력 측정(self-reported effort items)이다. 응답자에게 설문의 마지막에 응답자가 설문조사에 응답한 태도 등을 묻는 것이다. 응답 시에 솔직하게 응답했는지, 주의를 기울여서 응답했는지, 응답의 결과를 신중히 고려했는지, 답을 고르는 데 충분한 노력을 기울였는지 등에 대하여 설문의 마지막에 응답자 스스로가 응답 노력에 대하여 평가하도록 하는 문항을 추가하는 것이다.

둘째, 지시적 조작(instructed item) 문항의 삽입이다.
지시적 조작 점검 문항(instructional manipulation check item)은 응답자에게 특정 문항에 대하여 특정 답변을 선택하도록 지시하는 것으로, 지시에도 이를 따르지 않고 다른 응답을 한 응답자들을 불성실 응답자로 간주하는 것이다.

---

61) Justin A. DeSimone (2018), Dirty Data: The effects of screening respondents who provide low-quality data in survey research. Journal of business and psychology.

예를 들면, 긴 제시문 뒤에 하나의 지시 문항을 삽입하는데 "이 문항은 맨 마지막 항목을 응답으로 선택하세요."라고 지시하는 방법이다. 주의를 기울이지 않고 응답하던 불성실 응답자들은 이 지시에 따른 정답을 선택하지 못할 것이고, 이 문항에 대한 응답 여부에 따라 불성실 응답을 탐지할 수 있다.

셋째, 가짜 문항(bogus item) 삽입 방법이다.
실제 설문 내용과는 관계없지만 정답이 정해져 있는 질문을 설문에 임의로 삽입하여, 응답자가 이를 고르면 불성실 응답으로 판별하는 방법이다. 예를 들어 "나는 2월 30일에 태어났다." 또는 "나는 지금까지 세계 206개국을 방문하였다." 등의 문구를 삽입하여 이를 선택하면 불성실 응답자로 간주하는 방법이며, 이 방법은 지시적 조작 문항의 삽입과 함께 사용하면 더욱 효과적으로 불성실 응답자를 가려낼 수 있다.

넷째. 응답시간(response time)이다.
인터넷 설문조사의 경우, 각 응답시간을 측정할 수 있는데, 응답 소요 시간이 지나치게 짧은 경우 불성실 응답이 이루어졌다고 볼 수 있다. 그러나 응답시간만으로 불성실 응답을 탐지하는 경우, 실제로 불성실 응답자가 중간에 다른 일을 잠시 한 후 실제 설문 응답은 매우 짧은 시간에 끝내는 경우 등의 예외적인 경우는 탐지해내지 못하기에, 다른 탐지 방법과 함께 사용하는 것이 바람직하다. 그러나 어느 정도의 시간을 해당 설문의 "지나치게 짧은 시간"이라고 정의할 것인지에 대한 부분은 별도의 고민이 필요하다.

　다섯째. Long String이다.
Long String을 어떻게 우리말로 표현할지 고민스러운데, "한 줄 응답"[62]이라고 표현한 연구도 있지만, 의미가 정확히 전달되지는 않는 것 같아서 "한 줄 응답 패턴"이라고 보면 조금 이해가 쉬울 것 같다. 예를 들면 응답자가 비정상적으로 동일한 응답을 함으로써, 같은 응답으로 구성된 긴 줄이 형성되는 경우를 말한다. 간단히 설명하면 전체 문항 중 특정 개수 이상 한 줄 응답을 보일 때 불성실 응답으로 사전에 기준을 정해 두고 이를 판단하는 것이다.
그러나 이것도 전체 질문 문항 중 한 줄 응답을 판단하는 기준의 숫자를 몇 개로 정할지에 대하여 논의, 즉 비정상적인 패턴을 보이는 것을 어떤 기준으로 정할지에 대한 고민이 필요하다.

　여섯째, 개인응답분산도(IRV, Individual Response Variability)이다. 연속된 설문 문항에 대한 특정 응답자의 각 답변의 편차를 구했을 때 표준편차를 의미한다. 쉽게 설명하면 설문이 복수의 개념을 측정하거나 역코딩 문항이 포함된 경우, 다른 유형의 질문 내용에 따라서 응답의 편차가 있어야 한다. 그러나 응답자가 동일한 형태의 답변을 할 경우, 즉 "한 줄 응답 패턴"을 하는 경우 등은 각 개인의 답변 분산도(variability)가 매우 작은 값을 갖게 된다. 이것도

---

62)　박원우, 마성혁, 배수현 외 (2020), 설문조사에서 불성실 응답의 탐지방법과 제거의 효과, 경영학연구

위 Long String과 마찬가지로 어느 정도까지의 값이 작은지 혹은 적정한지 등 분산에 대한 명확한 기준치를 제시하기 어렵다.

한 가지 기억할 점은 최소 25개 항목 이상 최대 150개 항목 이하의 응답을 사용할 경우 그 사용이 권장되는데[63], 앞에서 이미 설명한 바와 같이 통상 30개 이하 설문 항목이 가장 적정한 서베이 폼 등을 활용한 설문조사 등에는 사용할 일이 별로 없을 것이다.

일곱째, 심리 측정상 일관성(psychometric synonyms)이다. 설문이 종료된 이후 전체 응답자들의 실제 응답을 분석하여 상관관계가 높은 문항을 선정하고, 서로 동의 또는 반대되는 반의의 일관성을 계산한 이후, 일관성을 기준으로 불성실 응답을 가려내는 방법이다. 성실한 응답자라면 의미상 유사한 항목에 대하여 유사한 답변을 하고, 반대되는 항목에 대하여 반대되는 답변을 할 것이라는 점을 전제로 한다. 상관관계나 일관성을 계산하는 방법은 따로 설명하지 않겠다.

여덟째, 개인 신뢰성(personal reliability)이다. 개인의 응답을 홀수 문항(odd item)과 짝수(even item) 문항으로 구분하거나, 반복

---

63) A.M. Dunn, E.D. Heggestad, L.R.Shanock & N.Theilgard (2016), Intra-individual response variability as an indicator of insufficient effort responding: Comparison to other indicators and relationships with individual differences, Journal of Business and Psychology

측정하여, 각각 두 개의 집합(벡터, vector)을 만든 후 두 집합 간의 상관관계를 구하는 것이다. 예를 들어 동일 개념을 측정하고 있음에도 홀수 문항과 짝수 문항 간의 상관관계가 낮다면 불성실 응답으로 간주할 수 있다.

아홉째, 마할라노비스 거리(Mahalanobis Distance)로 통상 "마할라노비스 D"라고 한다. 다변량분석에서 일반적인 추세를 벗어난 이상치(outlier)를 찾아내는 방법이다. 두 개의 변수가 존재하는 다변량 데이터의 경우, 다변량 공간의 중심점으로부터 특정 데이터까지의 거리를 두 변수의 공변량으로 표준화하여 표준화된 거리를 구하는 방법이다.
앞에서도 이야기했지만, 자세한 통계적인 이론을 설명하고자 하는 목적이 아니기에 마할라노비스 D 및 공변량 표준화는 더 이상 깊게 설명하지 않겠다. 활용 방법이 더 필요한 독자들은 관련 참고 자료를 보기를 바란다.

최근에는 인공지능 및 빅데이터 활용기법 증대로 머신러닝을 활용하여 설문조사의 불성실 응답을 판별하는 연구도 많이 진행되고 있다.
최대한 간단히 설명하고자 노력하였는데도 길어졌다. 결론적으로 부득이한 사유로 설문 문항이 길어져서 불성실 응답을 유발할 가능성이 크고 불성실 응답을 탐지할 필요가 있다고 판단되면, 앞에서 설명한 내용 중 가장 쉽고 간편한 지시적 조작 문항과 가짜 문항을 삽입하는 방법을 동시에 사용하는 것을 고려할 수 있다는 점만 기억하자.

개방형 질문이란?

개방형 질문은 누구나 자유롭게 응답할 수 있도록 하는 질문 형태로 응답의 범의를 정하지 않고 질문을 해서 주관식 또는 단답형 등으로 응답받는다. 새로운 사실이나 의견을 물을 때 적합하며, 응답자의 의견을 정확히 받을 수 있다. 샘플 규모가 크지 않은 소규모 조사 등에서 깊이 있는 의견을 들을 때 유용하다.

설문조사를 응답자에게 요구하는 답변 형태로 구분하면 7점 척도 등의 선택지 중에서 선택하도록 하는 폐쇄형 질문(closed-ended questions)과 주관적인 답변을 요구하는 개방형 질문(open-ended questions)으로 구분할 수 있다.

개방형 질문은 누구나 자유롭게 응답할 수 있도록 하는 질문 형태로 응답의 범의를 정하지 않고 질문을 해서 주관식 또는 단답형 등으로 응답받는다. 장점으로는 새로운 사실이나 의견을 물을 때 적합하며, 응답자의 의견을 정확히 받을 수 있고, 샘플 규모가 크지 않은 소규모 조사 등에 깊이 있는 의견을 들을 때 유용하다.
개방형 질문의 단점은 개방형 질문에 답변하는 것에 인지적 부담을 느껴 응답시간이 오래 걸리거나, 답을 하지 않는 무응답이 발생할 수 있고, 응답자의 답변이 주관적으로 해석될 수 있으며, 정리와 분류가 어렵고, 분류되지 않은 답변은 데이터 누락이 될 수 있다는 점이다.

개방형과 폐쇄형 중 어떤 설문 형태를 선택할 것인가는 조사 목적,

조사 비용, 조사 기간, 분석 방법 등에 따라 결정되지만, 다음과 같은 경우에 개방형 설문이 적정하다고 본다.[64]
(1) 특정 주제를 깊이 알고 싶거나 (2) 긴 개방형 설문 뒤에 응답자와의 친밀 관계를 형성하고자 하거나 (3) 탐색적 면접 혹은 사전 조사를 하거나 (4) 모든 응답 범주를 제공할 수 없거나(예:좋아하는 노래) (5) 횟수 응답에서 최초 혹은 마지막 응답 범주가 광범위한 범위를 포함하거나 (6) 응답 범주에 대해 잘 모르거나 (7) 연구자가 미처 예상하지 못했던 응답을 원하거나 (8) 응답 범주를 몇 개의 범주로 줄이기가 어렵거나(예: 직장에서의 업무 내용) (9) 응답자로부터 인용할 만한 자료를 원하거나 (10) 지식을 측정하려고 하거나 (11) 결론, 행동, 혹은 선호도에 대한 이유를 물어보거나(예, 왜 특정 후보를 더 좋아하는가?) (12) 응답 범주가 준거틀 (frame of reference)이 되어 체계적인 편향을 가져올 수 있는 질문인 행동 빈도를 물어보거나 (13) 수량적 응답으로 폐쇄형 범주보다 정확한 정보를 제공할 수 있는 경우이다.

개방형 질문과 폐쇄형 질문 두 가지 형태의 유용성은 어떤가? 위와 같이 답변하지 않는 무응답이 발생할 가능성이 크고, 답변에 대한 정리와 분류가 어려우며, 답변이 데이터에서 누락 되는 사례 등으로 인하여, 현재 대부분의 설문조사 특히 인터넷으로 실시되는 설문조사에서는 대부분 폐쇄형 질문의 보완 수단으로 개방형 질문을

---

64) 김지범, 김슬이, 강정한 (2017) 서베이조사실험을 통한 폐쇄형과 개방형 설문 응답 차이: 2016년 한국종합사회조사, 한국조사연구학회

사용하고 있다.

또한 일반적으로 잘 고안된 **폐쇄형** 질문이 개방형 질문보다 더 타당하다고 한다.[65]

그러나 **폐쇄형** 질문에서 확인하기 어려운 응답의 이유를 물어보거나 특정 주제에 대한 정확한 의견을 물어보고자 하는 경우 등에는 개방형 질문이 인터넷 설문조사에 매우 중요한 도구가 될 수 있다.

개방형 질문의 경우에는 **폐쇄형** 질문에 비하여, 응답에 대한 인지적 부담을 크게 가중하기 때문에, 질문이 어렵거나 응답하여야 하는 동기 또는 능력이 약할 경우, 충실하고 정확한 답변(optimizing response)보다 적당한 응답(satisficing response)을 할 가능성이 높다. 따라서 앞에서 살펴본 불성실 응답의 가능성이 크므로 이를 줄이기 위하여 질문을 어렵지 않게 하고, 이해하기 쉽게 구성하여야 한다. 나아가 응답자가 길고 풍부한 답변을 할 수 있도록 유도하여야 한다. 이러한 관점에서 인터넷 또는 웹 설문조사의 개방형 질문의 형식과 관련하여 2가지 점을 연구한 결과가 있다.[66]

첫째는 개방형 질문을 했을 때 답안을 작성하는 상자(answer-box)의 크기이다. 연구에 따르면 답안의 상자가 작으면, 응답하는 내용도

---

[65] H. Schuman (2008), Method and Meaning in Polls and Surveys, Harvard College.
[66] Matthias Emde (2014) Open-ended questions in Web survey-Using visual and adaptive questionnaire design to improve narrative responses. Technischen University.

적고 세부적이고 충실한 답변이 나오지 않는다. 반대로 답안 상자가 너무 크면, 이례적인 의견이 너무 많이 나오고 응답의 편차가 너무 커져서 오히려 데이터의 질을 떨어뜨리는 것으로 나타난다. 인터넷 및 웹을 통한 설문조사에서 응답을 지속하면 답안 상자가 자동으로 계속 커지는 경우도 응답의 질이나 의견의 길이에 영향을 미치지 못하는 것으로 조사된다. 또한 답안 상자의 크기는 크건 작건 무응답에는 영향을 미치지 못하는 것으로 조사 되었다.

둘째는 답안 상자의 시각적 디자인이다. 답안 상자를 시각적으로 강조되게 그래픽을 사용한다거나 그림 등을 사용하여 시각적으로 강조하였을 경우, 응답의 길이와 충실성에 영향을 준다.
특히 시각적 자료의 활용은 인터넷 또는 웹 설문조사가 가지는 가장 우수한 장점 중 하나이다. 면접 설문조사 등에서도 사진이나 도표 같은 시각적 자료의 활용이 가능하지만, 인터넷 설문조사처럼 다양하게 활용하기는 어렵다. 그림, 사진, 각종 통계표, 강조하는 색상까지 다양하게 활용할 수 있다. 이러한 부분이 응답의 충실성에 영향을 준다.

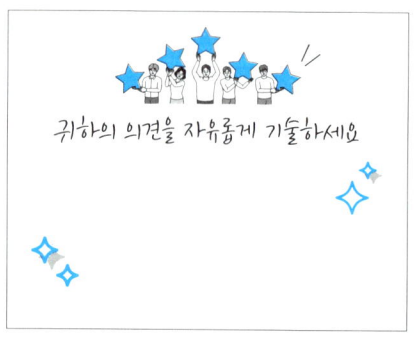

이외에 한국리서치의 2004년 설문지 작성 점검 지침에 의하면, 개방형 질문은 20~30분이 소요되는 크기의 설문지의 경우에 한 개의 설문지에서 최대 3개가 적당하다고 한다.

정리해 보자. 개방형 질문은 폐쇄형 질문에서 확인하기 어려운 부분을 추가로 확인하거나, 특정 주제에 대한 세밀한 의견을 물어보는 추가 질문으로 사용하는 것이 바람직하다. 세부적이고 충실한 응답을 유도하려면, 개방형 질문을 설계할 때 미리 적정한 답안 등을 수차에 걸쳐서 작성해 보아야 한다. 이를 고려하여 적정한 답안 상자의 크기를 정하고, 답안 상자를 디자인하며, 시각적으로 강조되도록 한 개의 설문지 안에서 최대 3개까지만 사용하는 것이 효율적이다.

설계단계에서 전문가 검토?

전문가리뷰는 설문 문항의 문제를 발견해내는데 가장 훌륭한 방법이라고 할 수 있다.
설문조사 계획 수립 시에 사전 절차로 전문가리뷰 절차를 반드시 설계하는 것을 권한다.

　설문조사를 실시하는데 가장 바람직한 방법은 설문조사를 구성하고 난 후 실시 전에 설문조사 방법론 전문가에게 검토받는 것이다. 설문조사에 전문성을 가진 전문가가 시안을 검토하는 것을 전문가리뷰(Expert Review)라고 하는데, 전문가는 조사의 목적에 맞는 문항의 적절성, 모집단 및 표본의 특성, 설문 소요 시간, 자료 수집 방법 등에 대하여 검토하고 문제점을 발견하고 개선하는 역할을 한다. 전문가리뷰는 설문의 사전 테스트의 가장 전통적인 방법이다. 전문가는 관련 지식과 경험으로 설문 문항의 문제점을 분석하고, 잠재적인 측정 오차를 예측하여 방지한다.[67] 그러나 이러한 전문가리뷰는 전문가 개인의 능력에 의존하는 바가 크기에 전문가별 의견과 지적사항에 대하여 큰 편차가 존재한다. 이러한 문제를 해결하기 위하여 QAS coding scheme[68]을 활용하기도 한다. 그러나 전문가리뷰는 여전히

---

[67] Emmanuel M.Ikart (2019), Survey questionnaire survey pretesting method: An evaluation of survey questionnaire via expert reviews technique, Asian Journal of Social Science Studies

[68] 설문지에서 자주 발견되는 오차를 항목별로 제시하고 이를 확인하도록 시스템화하여 문제점을 발견하도록 고안한 방법으로 설문 문항에 대하여 총 8개 범주, 26개 항목으로 문제점을 점검한다.

설문 문항의 문제를 발견해내는데 가장 훌륭한 방법이라고 할 수 있다. 그러나 현장실무에서는 설문조사가 사전에 전문가리뷰가 전혀 없이 설계되고 진행되는 사례가 대다수이다. 이러한 문제점 때문에 이 책을 편집하기로 마음먹은 바, 설문조사의 실무를 담당하는 독자들은 전문가리뷰가 꼭 필요하다는 점을 인식하고, 계획 수립 시에 사전 절차로 전문가리뷰 절차를 반드시 설계하여야 한다.

내 맘대로 요리하는 **설문조사**

II

표본추출 단계의 논점들

II. 표본추출 단계의 논점들

모집단의 정의?

최초 모집단의 정의를 명확하게 가져가지 않으면, 분산이나 추정량의 편의로 영향을 받는 정도와 모집단과의 관련성을 설명하기가 어려워진다.

설문조사를 실시하는 데 있어서 모집단의 정의와 표본 추출법의 결정은 표본추출오차(Sampling Error)를 줄이는 데 큰 영향을 미친다. 모집단의 정의가 부정확하게 되어 있으면, 조사가 종료된 후 자료 분석과 결과 해석이 정상적으로 진행되어도 해당 조사가 최초의 조사 목적과 불일치하거나 조사 결과 해석이 전혀 다른 방향으로 이루어져 연구의 가치가 하향될 가능성이 크다.

따라서 설문조사 기획 단계에서부터 자료 수집의 경제성, 신속성, 정확성, 분석 및 관리의 편리성을 고려한 모집단의 정확한 정의가 이루어져야 한다.

또한 분석 보고서에는 반드시 모집단의 정의와 표본 추출법에 대한 정확한 설명이 있어야 해당 조사 결과의 객관성을 검증받기 위한 재현성(reproducibility) 및 복제 가능성(replicability)에 중요한 정보가 되어 검증 척도 선택 및 분석의 정확성을 판단할 수 있어야 한다.[69]

---

[69] 박광배, 엄진섭 (2001), 변량분석사용의 잘못된 관행; F값만을 보고하는 경우, 한국심리학회지

그러나 현실에서 접하는 설문조사 보고서는 대다수가 이에 대한 언급이 아예 없거나, "연구 방법" 내에 간단하게 제시하고 있어서 표본이 정확히 어떻게 추출되었는지를 이해하는 데 어려움이 있으며, 이에 따라 표본오차가 발생할 가능성의 예측도 어렵게 하고 있다.

특히 최근 경향은 표본추출을 하나의 방법에 의존하지 않고 층화, 군집, 계통, 다단계추출, 비확률추출 등을 복합적으로 사용하는 복합표본설계를 하는 경우가 많은 바, 최초 모집단의 정의를 명확하게 가져가지 않으면 분산이나 추정량의 편의로 영향을 받는 정도와 모집단과의 관련성을 설명하기가 어려워진다.

모집단의 확정?

모집단의 확정은 조사자가 관심을 가지는 조사 대상 전체집합을 확정하는 것으로, 조사 대상 전체를 "목표 모집단"이라고 하고, 실제로 표본을 추출하기 위해 규정한 조사 대상 전체를 "조사 모집단"이라고 한다.

모집단(Population)의 확정은 조사자가 관심을 가지는 조사 대상의 전체집합을 확정하는 것을 말한다. 즉 조사자가 정보를 얻으려는 대상 집단으로 모집단을 확정하기 위해서는 분석 대상(study object), 표본 단위(sampling unit), 범위(extent), 분석 대상의 시간과 공간(time and place)을 고려하고 확정하여야 한다.

개념적으로 규정한 조사 대상 전체를 목표 모집단(Target Population)이라고 하고, 실제로 표본을 추출하기 위해 규정한 조사 대상 전체를 조사 모집단(Survey Population)이라고 한다.

예를 들면 국민을 대상으로 인식도 조사를 한다고 했을 때, 목표 모집단은 군인과 수감자를 제외한 대한민국 영토 내에 거주하는 18세 이상 모든 국민이라고 정의할 수 있고, 조사 모집단은 조사의 편의나 여건을 고려하여 도서 지역 및 특수시설 거주자는 조사 대상에서 제외하는 것으로 확정할 수 있다.

일반적으로 모집단이라고 하면 조사 목적에 따라 개념적으로 규정된 모든 기본단위 집합인 목표 모집단을 의미한다.[70]

---

70) 통계청 표본과, (2016), 표본설계 및 관리지침, 통계청

표본? 표집?

표본은 "관찰 대상 또는 연구 대상인 전체 모집단의 특성을 파악하기 위해 추출된, 연구자가 측정 또는 관찰한 결과들의 집합"으로 전체 대상인 모집단에서 선택된 일부분을 의미하며, 표집은 이 선택 과정 또는 추출과정이다.

설문조사를 이해하려면 표본(Sample)과 표집(Sampling)이라는 통계학적 개념을 이해하여야 한다. 통계는 보통 표본자료에 기초하여 분석되며, 표집 방법은 수집된 자료의 질과 모집단에 대한 추론에 큰 영향을 미친다.

표본은 이 책의 가장 첫 장에서 "관찰 대상 또는 연구 대상인 전체 모집단의 특성을 파악하기 위해 추출된, 연구자가 측정 또는 관찰한 결과들의 집합이다."라고 설명하였다.
풀어서 설명하면, 우리가 분석 대상으로 삼은 정보를 알고 싶어 하는 전체 대상인 모집단에서 선택된 일부분을 의미하며, 이 선택 과정 또는 추출과정을 표집이라고 한다.
모집단과 표본의 관계는 모집단으로부터의 표본추출, 표본을 기준으로 한 통계량 측정, 이를 토대로 모집단 추론의 관계로 연결된다.

여기서 반드시 이해할 것은 표본을 추출하는 목적은 "표본" 그 자체가 아닌, "모집단의 특성"을 알아내기 위한 것이라는 점이다.

표본, 표집

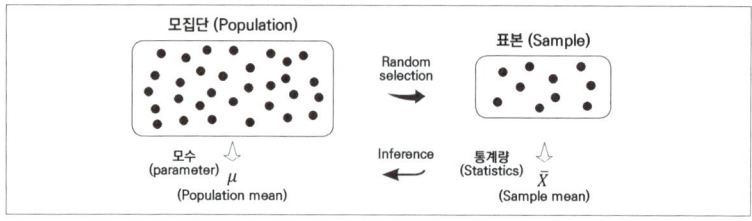

표집을 통해 얻은 통계량을 토대로 모집단에 대한 정보를 알아내기 위해서는 통계적 추론의 과정이 필수적이다.

문항별 표본 개념 관련 요소의 중요한 점은 다음과 같다.[71]
1) 비례 추론을 할 수 있는가?
2) 표본조사 결과를 해석하는 능력이 있는가?
3) 표본조사 과정의 타당성을 모집단과 관련지어 판단할 수 있는가?
4) 표본의 대표성을 이해하는가?
5) 표본조사 과정의 타당성을 모집단과 관련지어 판단할 수 있는가?
6) 표본조사 과정의 타당성을 표본의 편의성과 관련지어 판단할 수 있는가?
7) 표본조사 과정의 타당성을 표본의 대표성과 편의성을 고려하여 판단할 수 있는가?
8) 표본조사 방법으로서의 비례 추론을 이해할 수 있는가?

---

71) 이경화, 지은정 (2005), 표본 개념의 교육적 의의와 인식 특성 연구, 수학교육학연구

표본의 특성?

> 표본의 특성은 통계량이다. 표본을 조사하여 표본의 특성을 찾아내고 이를 통하여 모집단의 특성을 추론하는 것이다.

표본의 특성에 대한 인식은 표본추출 방법에 대한 인식과 밀접한 관련이 있다. 확률표본추출 등을 통하여 추출된 표본이 모집단의 특성을 반영한다면 별도의 표본 특성에 관한 연구는 필요 없다. 그러나 표본의 대표성이 취약한 경우에는 표본의 특성을 모집단의 특성과 비교할 수 있도록 별도 제시하고, 표본의 특성을 별도로 설명하는 것이 필요하다.

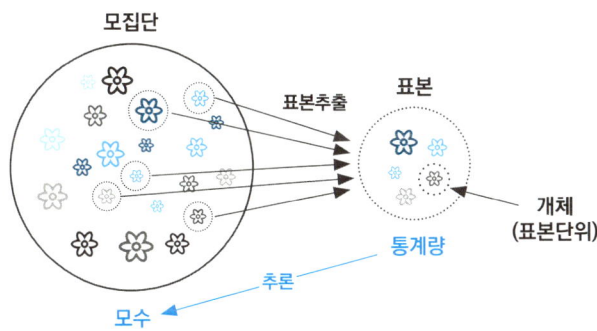

전수 조사, 표본조사?

전수조사는 모집단에 속하는 구성원 전체를 대상으로 직접 조사하는 방법이고, 표본조사는 집단의 일부를 조사하여 전체의 특성을 추정하는 방법이다.

전수조사는 모집단에 속하는 구성원 전체를 대상으로 직접 조사하는 방법이다. 조사 대상에 대한 개별적인 정보가 필요한 때, 통계량으로부터 올바른 모수 추정이 어려운 경우, 모집단의 크기가 작아서 전수조사의 비용이 부담되지 않을 때 사용된다.

표본조사는 표본의 특성을 기반으로 모집단의 특성을 추정해내는 방법으로, 시간과 비용, 인력 등 소요되는 자원을 절약할 수 있으며, 모집단의 수가 많거나 모집단의 정확한 파악이 불가능한 경우는 전수조사를 할 수 없기에 표본조사가 효율적이다.

📝 여론조사 샘플 수의 비밀?

샘플 수가 1,014명 이상이면 대략 20,000명 이상의 모집단을 대표한다고 보면 된다.
이것은 이미 충분한 대표성을 가진 것으로 이후 더 늘려보아야 큰 의미가 없기에, 여론조사 기관에서는 비용 효율성 등을 고려해서 1,014명 이상에서 조사를 종료한다.

2023년 5월 15일 뉴스에 이런 기사가 있다. "00정당 지지율 상승"이란 제목의 기사에 여론조사 결과가 있는데, 기사 중 조사는 "지난 8일부터 12일까지 5일 동안 전국 18세 이상 2,503명에게 질문한 결과, 이번 조사는 95% 신뢰수준에서 오차범위는 ±2%포인트이며, 무선(97%)과 유선(3%)을 병행한 자동응답 전화 조사 방식으로 진행됐다."[72] 고 한다.

또한 2023년 2월 3일 뉴스에는 "지난 30일부터 이달 1일까지 사흘간 만 18세 이상 전국 성인 남녀 1,035명을 대상으로 시행한 조사 결과에 따르면. 이번 조사는 ARS(RDD) 무선전화 방식으로 진행되었으며 95% 신뢰수준에 표본오차는 ±3.0%포인트로, 표본조사 완료자 수는 1,304명이며, 응답률은 2.9%로 집계됐습니다."[73] 라는 내용이 보도 되었다.

---

72) MBN뉴스, 2023.05.15.
73) 뉴스 토마토, 2023.02.03.

2022년7월13일 뉴스를 보면 "전국 만 18세 이상 1,045명을 대상으로 시행한 조사(95% 신뢰수준에 표본오차 ±3.0%포인트)에서 차기 정치 지도자로 적합한…."[74] 이라는 기사가 있다.

우선 RDD라는 용어는 책의 첫 장에서 이미 설명하였으니, 이 용어를 모르는 독자는 없을 것이고, 여기서 집중하여야 할 것은 전국 18세 이상 2,503명, 1,035명, 1,045명이라는 샘플 숫자이다.

위 기사만 가지고 들 수 있는 생각을 정리하자면,
첫째, 왜 1,035명 또는 1,045명을 대상으로 했지?
둘째, 현재 양당 체제하에서 지역별 정당 지지도 편차가 있는 것은 익히 아는 사실인데, 1,035명 안에 지역별 인구는 어떻게 조율되었지?
셋째, 신뢰수준이 뭐야? 등을 1차적인 의문점으로 정리할 수 있을 것 같다.
하나하나 정리해 보자.

---

74) 조선 Biz, 2020.07.13.

여론조사 시 적정 표본의 크기?

신뢰수준 95%, 표본오차 ±3% 수준의 조사 시는 1,014명, 신뢰수준 95%, 표본오차 ±2% 수준으로 올려서 조사 시는 2,144명이면 대략 20,000명 이상의 모집단을 대표한다고 보기에 이후 더 큰 비용과 시간을 들여 표본 수를 늘리지는 않는다.

앞에 예시한 뉴스를 크게 두 가지로 구분하여 보면,
1) 95% 신뢰수준에서 오차범위는 ±2%포인트(percentage point)
2) 95% 신뢰수준에 표본오차 ±3.0%포인트(percentage point)
신뢰수준은 똑같이 95%인데, 오차범위와 표본오차에서 차이가 있다. ±2%p와 ±3.0%p에서 차이가 있는 것 같다. ±1%p가 2,503명 및 1,035명(또는 1,045명)과 관계가 있는 것 같다는 생각이 든다. 결론부터 말하면 맞는 이야기이다.

설문조사를 실시할 때 적정한 표본의 크기는 얼마가 되어야 하는가? 표본의 크기는 통계량을 토대로 모수(Population Parameter)를 추정하는 통계적 검정력에 결정적 영향을 미친다는 점을 감안할 때, 통계적 타당도가 높은 의미 있는 분석값을 얻기 위하여 적정 수준의 표본 수를 확보하는 것이 중요하다.

새로운 단어가 하나 나왔으니 개념을 잠깐 설명하자. 모수는 모집단을 조사하여 얻을 수 있는 통계적 특성치를 말하며, "모집단 분포의 특성을 대표하는 값"을 말한다.

표본과 모수가 갖는 분산, 편차 등 표본오차를 갖지 않으려면 모집단 전체를 대상으로 설문조사를 실시하는 전수 조사가 바람직해 보이지만, 비용의 문제, 조사 실시부터 분석까지 소요 되는 시간의 문제 등을 고려하면 표본조사가 더 효율적일 수도 있다. 이를 정리해 보면 최소의 비용으로 최대의 정보를 얻을 수 있는 최적의 표본을 확보하는 것이 가장 중요하다.

이렇게 모집단 전체를 대상으로 한 전수 조사가 아닌 표본 추출된 값을 대상으로 발생하는 모든 오차를 표본오차(Sampling Error)라고 하는데, 표본 특성을 갖고 모집단의 전체 특성을 추정하는 것에 따라 발생한다는 의미에서 추정오차(Estimation Error)라고도 한다.

다시 앞의 신문 기사에서 "95% 신뢰수준에 표본오차 ±3.0%p"를 해석해 보자. 특정 정당 지지도가 35%, 95% 신뢰수준에 표본오차 ±3.0%p라고 하면, 이 정당은 조사된 지지도 35%를 기준으로 앞, 뒤 3% 차이의 값을 고려하여, 32%~38% 사이의 지지도를 갖고 있고, 95% 신뢰수준이라는 것은 같은 조사를 100번 했을 때 같은 결과가 95번 나온다는 뜻이다.

해당 여론조사를 95% 믿을만한 수준이라는 것이 아니다.

마찬가지로 정당 지지도가 35%, 95% 신뢰수준에 표본오차 ±2.0%p라고 하면, 이 정당은 조사된 지지도 35%를 기준으로 앞, 뒤 2% 차이의 값을 고려하여, 33%~37% 사이의 지지도를 갖고 있고, 같은 조사를 100번 했을 때 동일한 결과가 95번 나온다는 뜻이다.

해당 정당의 지지도 편차를 32%~38% 사이에서 33%~37% 사이로, 더 정확히 조사하는데, 조사한 샘플 수가 차이가 있다고 보면 된다. 앞의 신문 기사 사례에서 살펴보면, 2,503명 및 1,035명 (또는 1,045명)으로 약 1,450명 정도 차이가 있다.

각 언론에서 조사한 자료를 보면 대부분 "전국 성인남녀 1,067명이 응답했고…."라는 설명을 볼 수 있는데, 이 안에 통계 수학이 숨어 있다.

N : 모집단의 크기(Population Size)
n : 표본의 크기(Sample Size) 설문조사에서는 전체 응답 완료자 수
e : 표본오차(Margin of error or confidence interval)
Z : 신뢰수준(Confidence Level)에 대응하는 Z-score를 사용한다.
  신뢰수준 : 1 - 유의수준(α)이며 설문조사에서는 설문의 신뢰성과 연관이 있다.
α : 유의수준(Significant Level)이며 Z-score를 사용할 때 필요하다.
p : 관찰치 (The observed percentage) 보통 최대 표본오차를 구하기 위해서 p=0.5를 사용한다.

$$n = \frac{Z_{\frac{\alpha}{2}}^2 \cdot p(1-p)}{e^2}$$

$$e = Z_{\frac{\alpha}{2}} \cdot \sqrt{\frac{p(1-p)}{n}}$$

이 수식 중 유의수준은 뒤에서 설명하며, Z-score 등은 우리가

알고자 하는 수준에서 벗어나 있어서 별도로 설명하지 않겠다. 다만 이러한 통계 수학을 거쳐서 아래의 샘플 수가 계산되고 있다는 점만 알아두자.

신뢰수준 95%, 표본오차 ±3%p 수준의 조사 시 필요한 샘플 수를 보면,
모집단 크기가   10,000명 경우   965명,
모집단 크기가   20,000명 경우 1,014명,
모집단 크기가   100,000명 경우 1,056명,
모집단 크기가 1,000,000명 경우 1,066명,
모집단 크기가 10,000,000명 경우 1,067명이 나온다.

즉 샘플 수가 1,014명 이상이면 대략 20,000명 이상의 모집단을 대표한다고 보면 되고,
이것은 이미 충분한 대표성을 가진 것으로 이후 더 늘려보아야 큰 의미가 없음을 보여주기에, 여론조사 기관에서는 비용 효율성 등을 고려해서 1,014명 이상에서 조사를 종료한다.

이를 신뢰수준 95%, 표본오차 ±2%p 수준으로 올려서, 조사할 때 필요한 샘플 수를 보면,
모집단 크기가   10,000명 경우 1,937명,
모집단 크기가   20,000명 경우 2,144명,
모집단 크기가   100,000명 경우 2,345명,
모집단 크기가 1,000,000명 경우 2,396명,

모집단 크기가 10,000,000명 경우 2,401명이 나온다.

마찬가지로 샘플 수가 2,144명 이상이면, 대략 20,000명 이상의 모집단을 대표한다고 보면 되고, 앞의 신문 기사 사례에서도 2,503명을 조사 샘플로 한 것이다. 2,503명이면 위 계산 산식에서 보는 것과 같이 약 1천만 명 이상의 모집단 크기를 대표한다.

이미 여러분들이 알고 있지만, 샘플 수 크기를 앞의 수학 공식으로 일일이 계산할 필요는 없다. 웹 설문조사가 일반화되면서 많은 리서치 회사들이 샘플사이즈 계산기를 포털을 통하여 제공하고 있다. 이 계산기를 이용하면 모집단의 크기, 희망하는 신뢰수준, 표본오차만 투입하면 샘플 수 크기는 바로 계산되어 나온다. 계산의 원리만 이해하고 실제 계산은 샘플사이즈 계산기를 사용하도록 하자.

위의 여론조사와 같이 모집단 크기가 클 경우 각 신뢰수준에서 샘플 수를 구하는 것은 이해하는데, 데이터 해석상 통계적으로 유의미한(statistically significant) 최소 샘플 수는 있는가?

통계적으로 유의미하다?

확률적으로 봐서 단순한 우연이라고 생각되지 않을 정도로 의미가 있다는 뜻이며, 반대로 유의미하지 않다는 뜻은 단순한 우연일 수도 있다는 뜻이다.

우리가 표본을 뽑아서 표본조사를 하는 이유는 그 표본이 궁금해서가 아니라, 그 표본이 속한 모집단의 특성을 파악하고자 조사를 하는 것이다.

모집단 자체를 전부 전수조사하면, 표본을 추출할 필요도 없고 추정할 필요도 없는데, 모집단이 커서 전수조사를 할 수 없기에 샘플 조사를 하는 것이다.

모집단에서 표본을 추출해서 조사할 때 모집단의 특성과 다른 "오차", 즉 표본오차가 발생하는데, 그 오차를 고려하더라도 표본에서의 특성이 모집단의 특성 추정을 하는데 크게 결과가 바뀌지 않을 때 "통계적으로 유의미하다"라고 하는 것이다. 즉 확률적으로 봐서 단순한 우연이라고 생각되지 않을 정도로 의미가 있다는 뜻이며, 반대로 유의미하지 않다는 뜻은 단순한 우연일 수도 있다는 뜻이다. 유의확률(p-value)은 뒤에 다시 정리한다.

통계 최소 표본의 크기는?

일반적으로 표본 수가 최소한 30개는 확보되어야 모수를 추정할 수 있는 확률적 근거를 마련해 줄 수 있다. 더 작게 표본크기가 20개 이상이면 독립 및 종속변수가 각각 하나씩인 단순 회귀분석의 경우 통계적으로 유의한 결과가 나올 수 있다. 따라서 최소 표본 크기는 20개 이상은 되어야 한다.

분석 대상을 전부 조사하는 것이 가장 확실한 결론에 도달하는 방법이겠지만, 전수 조사보다 훨씬 적은 시간과 비용을 들여서 거의 동일한 정보를 얻을 수 있다면, 표본조사가 가장 효율적이다.

조사 목적에 따른 적정 표본크기를 정하는 것은 중요한 문제이다. 표본크기가 너무 크면 조사 소요 비용 등 자원의 낭비가 너무 크고, 표본크기가 너무 작아 데이터 해석의 오류를 초래한다면 조사 실시 목적 자체가 무의미하게 된다. 특히 데이터 해석의 오류는 정부, 공공기관 등의 정책 방향을 바로 정립하는데 커다란 장애 요인으로 작용한다.

앞의 샘플사이즈 계산기를 통한 샘플 크기 결정이 바람직하나, 통계 기법별 최소 표본, 즉 통계적 검정력을 확보할 수 있는 최소 표본의 크기는 있는가? 결론적으로 말하면 보편적으로 적용할 수 있는 명확한 표본크기는 없다고 보면 된다. 그런데도 설문조사를 진행할 경우, 최소로 확보하여야 하는 표본크기에 대하여 고민하여야 한다.

따라서 최소 표본으로 최대의 유의미한 데이터 해석이 가능하게 하는 것이 중요하다.

통계기법별로 최소 표본의 크기를 정하는 문제는 많은 연구가 이루어졌는데, 그중에서 반드시 알아야 할 사항만 설명한다.

첫째, 20개 – 단순 회귀분석(Simple linear regression analysis)의 경우 회귀분석은 원인이 되는 변수와 결과로 나타나는 변수로 구분한다. 결과에 영향을 미칠 것으로 예상되는 변수를 독립변수라고 하고, 독립변수의 영향을 받는 변수를 종속변수라고 한다.
독립변수와 종속변수 간의 함수관계를 회귀식이라고 하며, 이는 통상 $Y=f(X)$로 나타낸다. 단순회귀분석은 하나의 독립변수로 하나의 종속변수를 설명하는 모형이다. 예를 들면 소비자의 소득수준과 지출과의 영향 관계 등이다. 간단히 말하면 어떤 요인(Predictor, 독립변수)에 의해 반응(Response, 종속변수)하는 함수관계를 통계적으로 찾아보는 것이다. 이러한 단순 회귀분석은 다른 변수의 영향을 제거하고 순수하게 그 변수만의 영향력을 추정하는 것으로, 독립변수와 종속변수 간에 선형 형태의 함수적 관계가 존재하는 것이다.
이러한 단순회귀분석 모형에서는 변수:표본의 크기 비율을 1:10만 유지해도 유의한 결과가 나올 수 있다는 것이며, 표본크기가 20인 경우에도 유의미한 결과가 나올 가능성이 충분하다고 본다.[75]

---

75) 박원우, 손승연, 박해신, 박혜상 (2010), 적정 표본크기(sample size) 결정을 위한 제언, 노사관계연구

둘째, 30개 – 중심 극한의 정리(Central Limit Theorem)
중심극한정리는 무작위로 추출된 표본의 크기가 충분히 클 경우, 평균의 분포는 모집단의 분포 모양과 관계없이 정규 분포에 가까워진다는 정리이다. 수학자 피에르시몽 라플라스(Pierre-Simon Laplace)가 1774년에서 1786년 사이의 연구논문을 통하여 이를 증명하였다.

중심극한정리가 중요한 것은 모집단이 어떤 분포를 하고 있는가와 상관없이 표본의 크기가 충분히 크면, 표본 평균들의 분포가 모집단의 모수를 기반으로 한 정규 분포를 이룬다는 점을 이용하여 특정 사건이 일어날 확률값을 계산할 수 있다는 것이다. 즉 수집한 표본의 통계량을 이용하여 모집단의 모수를 추정할 수 있는 확률적 근거를 마련해 준다. 이러한 중심극한정리가 성립하기 위해서는 표본크기가 최소 30 이상이어야 한다.

또한 표본의 크기가 30개 이상일 때는 모표준편차 대신 표본 표준편차를 사용할 수 있다.
표본의 크기가 30개 이상일 때 표본 표준편차로 모표준편차를 대신하는 것은 표본 표준편차와 모표준편차 간의 차이가 크지 않기 때문이다.

달리 보아 통계적 추론에서 모집단의 분산이 알려지지 않은 경우, 표본 분포를 결정할 때 표본의 크기가 30 이하이면 t 분포를, 30 이상이면 정규 분포(z 분포)를 이용한다.

사실 30개를 기준으로 대표본, 소표본 등으로 구분하기도 하는데, 통계학적 기준으로 보거나 통계 프로그램이 발달한 지금은 이런 기준과 구분은 적합하지 않다.

그러나 일단 머릿속에 최소 표본의 기준 중 하나가 30개라는 사실은 알아두자.

중심극한의 정리 (Central Limit Theorem)

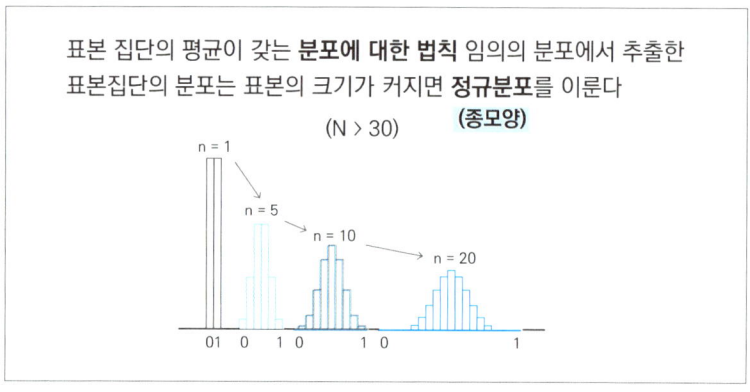

셋째, 50개 – 다중 회귀분석(Multiple linear regression analysis)의 경우 독립변수가 둘 이상인 다중 회귀 분석의 경우 통계적 검정력 0.8 이상을 유지하려면 최소 50 이상 이어야 한다고 본다.[76]

---

76) 박원우, 손승연, 박해신, 박혜상 (2010), 적정 표본크기(sample size) 결정을 위한 제언, 노사관계연구

넷째, 59개 – 품질 도구 관리 방식의 계수형 샘플링

복잡한 통계 분석을 하는 데 있어서 수많은 통계 Tool을 사용하고, 데이터 분석을 쉽고 편하게 하는 방법으로 사용하는 Tool 중에 미니탭이 있다. 한마디로 통계자료 분석 소프트웨어이다. 이 미니탭은 기존의 통계이론에서 복잡하게 계산했던 통계 데이터를 활용한 품질관리 기법에도 많이 활용되고 있는데, 이중 계수 규준형 샘플링 검사 방식이 있다. 설문조사를 설명하면서 갑자기 품질관리는 무엇이고, 샘플링 검사는 무엇이야 하는 독자들이 대다수일 것이다. 여기서 품질관리를 설명할 생각은 없다. 그러나 샘플링 검사 방식이 우리가 알고자 하는 최소 표본의 크기를 산정하는데 참고가 될 만한 요소가 있다.

현재 KS 나 ISO 규격에서 샘플링 검사를 정의하고 분류하고 있는데, 샘플링 검사란 "로트로부터 시료를 뽑아내어서 시험하여, 그 결과를 판정 기준과 비교하여, 로트의 합격, 불합격을 판정하는 검사"라고 정의되어 있다.

로트에서 품질검사를 하기 위하여 샘플을 추출하여 95% 신뢰수준 또는 99% 신뢰수준으로 전체 해당 로트를 합격 판정할지 불합격 판정할지를 결정하기 위한 최소 검사 샘플은 몇 개인가?

계수형 샘플링은 불량이 하나도 없다, 즉 불량품이 0(Zero)이라는 것을 95% 신뢰하기 위한 샘플 사이즈의 크기를

$n = Ln(0.05)/Ln(0.95)$ 로 계산한다. 분모 0.95는 신뢰수준(Reliability)이다.

동일하게 99% 신뢰하기 위한 샘플 사이즈 크기는
n=Ln(0.05)/Ln(0.99) 로 계산한다.

이를 계산해 보면, 95% 신뢰수준을 가져가기 위해서는 59개의 샘플이 필요하며, 99% 신뢰수준을 가져가기 위해서는 299개의 샘플이 필요하다.

이 샘플의 크기는 앞서 설명한 샘플 사이즈 계산기에서도 유사한 결과를 얻는다.

위에서 언급한 제조업의 품질관리를 위한 생산라인과는 달리 설문조사에서는 표본오차가 더 크게 존재한다. 신뢰수준을 95%로 했을 때 샘플의 크기는 모집단의 크기가 60일 때 표본오차 ±3.0%일 때 57, ±2.0%일 때 59, ±1.0%일 때 60으로 전수 조사를 해야 하는 것으로 나온다.

모집단이 300개일 때 신뢰수준 99%를 확보하려면 표본오차 ±3.0%일 때 259, ±2.0%일 때 280, ±1.0%일 때 295로 계산되며, 모집단의 크기가 129개일 때까지는 신뢰수준 99%에 표본오차 ±1.0%을 확보하려면 역시 전수조사를 하여야 하는 것으로 계산된다.

다섯째, 타당도를 고려한 표본크기로 모집단의 5% 이상
표본이 모집단을 대표하는 대표성을 가졌는가는 단순무작위표본추출 방식에 가장 중요한 전제 사항이며, 단순 무작위 표본추출의 조건이

충족되면 표본의 크기가 전체 모집단의 5% 이상이면 대표성이 있다고 볼 수 있다.[77]

여섯째, 기타

통계적 검정력을 고려한 표본크기에 대한 이론은 회귀분석, 다변량 분산분석, 구조방정식 모델 등 매우 많다. 그러나 이 책에서 여러 번 언급한 것처럼 웹 조사가 일반화된 지금, 당장 실무를 하는 비전공의 설문 설계자가 필요한 최소 기초지식 제공을 목적으로 기술하고 있기에, 이러한 이론적인 부분은 자세히 소개하지 않겠다. 필요하면 이것을 계기로 해당 지식을 더욱 습득하시라.

사실 표본크기의 비율은 설문조사를 통한 분석 목적에 따라 유의수준, 효과 크기 등을 고려하고 통계적 검정력을 기준으로 결정되어야 한다. 예를 들어 표본의 크기를 정함에 있어서 모집단의 극히 일부 요소가 모집단 총계의 절대다수를 차지하는 경우 모집단의 요소들을 크기 순으로 나열한 후 2차원상에 그래프를 그려보면, 원점을 중심으로 1사분면에서 X축과 Y축의 꼬리가 무한대로 퍼져 나가는 형태일 때는 절사법을 사용하여 적은 표본크기로도 정밀도 높은 추정치를 구할 수 있다.[78]

---

77) 박원우 (2003), 연구방법론 강의 자료집, 서울대학교, 박원우, 손승연, 박해신, 박혜상 (2010), 적정 표본 크기(sample size) 결정을 위한 제언 p.60에서 재인용
78) 한근식, 김용철 (1996), 왜도(Skewness)가 심한 모집단에서의 절사법효과에 관한 연구, 응용통계연구

절사법 적용 대상

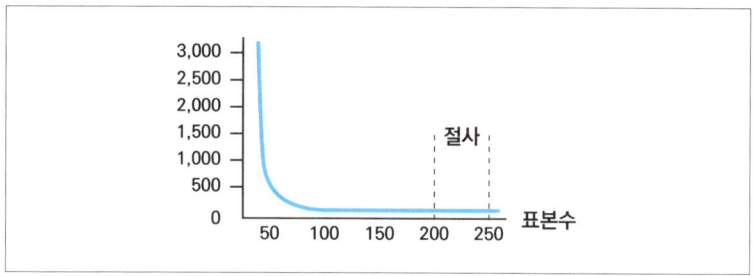

가장 좋은 것은 전수조사이나 시간, 비용, 가용자원 등을 고려할 때 표본조사가 효율적이다. 그러나 이때 최소 표본크기를 충족시키지 못하면 분석 결과를 왜곡시킬 수 있다.

독자들은 이것만 기억하자. 최소 표본크기가 분석에 필요한 수를 충족시키지 못하면 결과를 왜곡할 수 있고, 일반적으로 표본 수가 최소한 30개는 확보되어야 모수를 추정할 수 있는 확률적 근거를 마련해 줄 수 있다. 더 작게 표본크기가 20개 이상이면 독립 및 종속 변수가 각각 하나씩인 단순 회귀분석의 경우 통계적으로 유의한 결과가 나올 수 있다.

따라서 최소 표본크기는 20개 이상은 되어야 한다.

최소 표본의 크기가 20개가 안 되면? ①

계층화된 샘플이 20개에 못 미친다면 결과를 분석하지 않는 것이 올바른 방법이다. 그런데도 세분화하여 표기하여야 한다면, 반드시 주석을 달아서 "확보된 표본이 적어서, 모수를 추정하는데 통계적으로 유의미한 분석이 어려운 숫자로 단순 참고용"이라는 설명이 부기되어야 한다.

많은 조직에서 사내 직원 만족도조사를 실시하고 있다. 특히 공공기관의 경우에 공공기관의 경영평가 항목에 노사관계를 포함한 조직 및 인적자원관리, 보수 및 복리 후생 관리 등에 사내 직원 만족도 조사 결과를 평가 계량지표로 사용하는 경우가 많다.

2021년 공공기관경영정보 공개시스템인 알리오(ALIO)에 공개된 공공기관 직원 수는 총 316,760명이며, 2021년 공공기관 수는 350개이다.
단순 산술평균하면 1개 기관당 평균 인원은 905명이다.

어느 기관에서 경영평가 계량지표용으로 직원 만족도조사를 실시하였다고 가정하자.
앞의 설명처럼 단순회귀분석을 가능하게 하는 숫자는 20명, 중심극한정리를 적용하면 30명, 최소 표본크기 중 모집단의 5% 이상을 적용하면 45명이 나오고, 신뢰수준 95%, 표본오차 ±3.0%p를 확보하려면 490명이 나온다.

그러나 실무를 보면 특히 사내 직원 만족도조사의 경우, 해당 조사 시기에 특별한 이슈나 참여 동기가 없다면 통상 응답률이 40~50%에 그치고, 50%를 가정하면 표본은 452개로 신뢰수준 95%, 표본오차 ±3.0%p를 확보하지 못한다. 굳이 계산해 보면, 모집단 전체 905명 중 50%인 452명이 응답에 참여하면 신뢰수준 95%, 표본오차 ±3.3%p 정도 수준이 된다.

그런데 문제는 설문조사 결과를 분석할 때, 층화표집된 계층화된 샘플을 해석하는데 문제가 발생한다. 예를 들어 쉽게 설명하면 응답자를 직급별로 구분하여 1~2급 부장급, 3급 팀장급, 4급 과장급, 5급 대리급, 6급 주임급으로 구분하여 분석할 경우, 이를 다시 일반직과 공무직, 계약직으로 나누어 분석하면 특정 계층화된 샘플이 20개가 안 되는 경우가 발생한다.
이를 어떻게 처리하고 분석하여야 하는가?

최소 샘플수 20개에 미달하니 분석하지 말아야 하는가 아니면 전체적으로 응답자 수가 모집단 905명 중 50%에 해당하는 452명이니 세분된 계층을 모두 분석해야 하는가?

결론부터 말하면 계층화된 샘플이 20개에 못 미친다면, 이는 분석을 하지 않는 것이 올바른 방법이다. 예를 들어서 위 직급 중 1~2급 부장급이 5명 응답했고, 3급 팀장급이 17명 응답했다면, 이를 5명, 17명의 결과를 세분화하여 분석하는 것보다 2개의 계층을 합쳐서

1~3급 부장~팀장급으로 계층을 조정해 22명으로 분석하는 것이 바람직하다.

만약 반드시 위 2개의 계층을 세분화하여 표기하여야 한다면, 반드시 주석을 달아서, 1~2급 부장급이 5명으로 "확보된 표본이 적어서, 모수를 추정하는데 통계적으로 유의미한 분석이 어려운 숫자로 단순 참고용"이라는 부기가 반드시 있어야 한다.

　설문조사 결과보고서를 보면, 응답률은 제시되어 있으나 위처럼 최소 표본을 확보하지 못한 경우 주석을 달아 놓은 경우가 많지 않다. 특히 사례로 든 직원 만족도조사의 경우, 2명의 계층화된 샘플을 응답자 수로 표시하고 이를 분석해 놓은 사례도 보았다. 이러한 사례는 해당 설문조사 전체의 신뢰성에 의구심을 갖게 하고, 조사의 품질을 떨어뜨리는 큰 요인으로 작용한다. 사실 진짜 큰 문제는 설문조사 품질이 떨어지는 것이 아니라, 응답자가 2명에 불과한데, 이를 부기 없이 그래프 등 시각화된 도표로 강조하여 표시하고, 이를 문제의식 없이 그대로 해석해 버리는 평가자 및 경영자가 많다는 사실이다.

최소표본이 20개가 안되는데도 명시된 사례

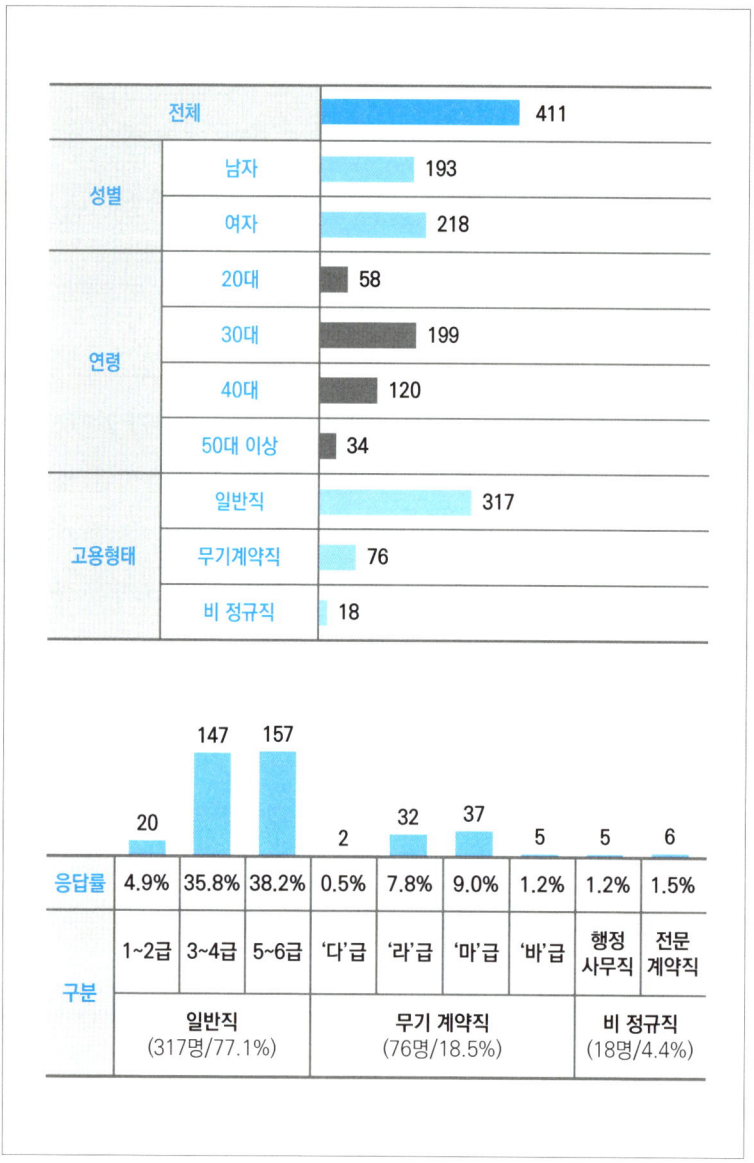

최소 표본의 크기가 20개가 안 되면? ②

응답자 즉 샘플 수를 20개 이상 확보하도록 설문조사를 재설계하여야 한다.
또는 20개 이상 샘플 수 확보가 어려우면, 전년 또는 전기조사와 대비하여 상승, 하락 여부를 확인할 수 있도록 전체적인 합산 결과만 활용하여야 한다.

웹 설문조사가 보편화되면서 최근 들어 많이 사용되는 방법의 하나가 성과평가에 설문조사를 사용하는 방법이다. 성과평가에 설문조사를 사용하는 경우는 각 직원에게 자신의 직무만족도 및 성과를 평가하도록 하는 자기평가, 팀이나 팀원에 대한 역량 평가, 감독자나 관리자들에 대한 기대치 평가, 소통 노력 평가 등에 많이 사용된다.

최근 공공기관 한 곳에서 고위직 부패 위험성에 대한 평가를 설문조사로 실시하는 것을 보았다.
기관에서 정하여진 고위직의 정의하에 실장 이상의 보직자와 1~2급 이상의 임직원에 대하여, 부패 위험성에 대한 설문조사를 동료 및 하위직 직원 앞 실시한다.
조사 방법은 직원 리스트에 따라서 이메일을 발송하고 내용의 익명성이 보장된다는 전제하에 웹 설문조사를 진행하며, 동 자료는 통계 분석 및 개선과제 도출에 사용하고, 전체적인 부패 위험성 및 청렴도 합산 결과는 기관 전체에 공개하되, 개인별 부패 위험성에 대한 청렴도 결과는 기관장에게만 전달한다고 되어 있다.

이러한 성과평가에 대한 설문조사는 어떤 문제점을 갖고 있을까? 최소 표본의 크기와 관련이 있다. 사례로 든 고위직 부패 위험성 평가 시에 1명의 고위직을 대상으로, 설문조사로 평가하는 추출된 표본 수가 20명이 넘고 무응답 등 불완전 응답이 없으면, 통계적 검증을 할 수 있는 최소 표본 수를 갖추었다고 판단하기에 통계적으로 유의미하다고 판단하는 결과를 활용할 수 있을 것이다.

앞의 사례에서는 설문에 응답할 동료, 하위직원을 대상자 1명당 각각 5명씩 선발하여 조사를 진행하였다. 즉 최소 표본 수 20개를 확보하지 못하였다. 이 경우 5명의 평가 결과를 합산한 값이 1명의 개인별 부패 위험성을 대표할 수 있을까? 사실과 다른 의사표시를 하는 악의적인 불성실 응답자가 발생하면 이것을 어떻게 제거하거나 반영할 수 있을까?

비슷한 사례가 인사평가에 해당하는 성과평가가 있다. 인사평가자(인사고과자) 1명 또는 상위, 차상위의 2~3명 정도가 평가하는 것이 대부분이다. 360도 다면평가도 마찬가지이다. 상위 평가자 외에 동료평가, 같은 팀 소속의 하위직 평가 등이 함께 이루어진다. 이 경우에도 평가자는 통상 동료 5명 이내, 하위직도 같은 수 이내에서 추출된다.
그러면 이러한 인사평가도 평가자의 수가 최소 표본 수 20명에 미달하기에 그 결과를 활용할 수 없을까?

인사혁신처의 공무원성과평가 등에 관한 규정을 보면, 제21조 근무성적 평점 결과의 공개 및 이의신청 등에 "근무 성적 평가 대상 공무원은 평가자의 근무 성적평가 결과에 이의가 있는 경우에는 평가단위 확인자에게 이의를 신청할 수 있다"라고 명시되어 있다.

설문조사와 인사평가가 다른 가장 큰 차이는 바로 "이의신청"과 같이 결과를 이해할 수 없을 때 별도의 제도적인 조치가 마련되어 있느냐는 점이다. 설문조사는 설문조사 결과가 예상과 다르다고 하였을 경우 그 설문조사 결과를 참고하여 정책 반영 등에 활용할 것인지 안 할 것인지의 판단이지, 인사평가와 같은 "이의신청" 등 별도의 제도적 장치가 없다.

따라서 설문조사가 갖추어야 할 최소 표본 수를 지키지 못한 조사나 통계적으로 검증할 수 없는 조사 결과를 개인별로 분류하여 통보하거나 활용하는 것은 피해야 할 일이다.

사례로 든 고위직 부패 위험성 조사는 다음과 같이 2가지의 개선점을 제시할 수 있다.

첫째는 응답자 즉 샘플 수를 20개 이상 확보하도록 설문조사를 재설계하여야 한다.

둘째는 위의 20개 이상 샘플 수 확보가 어려우면, 전년 또는 전기조사와 대비하여 상승, 하락 여부를 확인할 수 있도록 전체적인 합산 결과를 활용할 수 있으나, 개인별 점수를 통보하는 것은 중단하여야 한다.

표본설계의 중요성? 표본추출 프레임의 결정?

모집단을 대표할 수 있는 좋은 표본을 선정하는 것은 설문조사를 통한 분석의 가장 중요한 부분이다. 표본추출 프레임은 "표본추출틀" "표본수집틀" "표집틀"이라고 불리며, 표본 추출단위에 대한 목록으로 조사 모집단의 명부를 말한다.

표본설계는 모집단의 확정, 표본추출 프레임의 결정, 표본추출 방법의 결정, 표본크기의 결정, 표본추출 실행까지 전체적인 설문조사의 설계에 있어서 표본과 관련된 제반 문제를 다루는 방법이다. 전수 조사가 아닌 표본을 통해 모집단의 특성을 추론하는데 많은 오차가 발생할 수 있으며, 모집단을 대표할 수 있는 좋은 표본을 선정하는 것은 설문조사를 통한 분석의 가장 중요한 부분 중 하나이다.

표본추출 프레임(Sampling Frame)이란 "표본추출틀" "표본수집틀" "표집틀"이라고 불리며, 표본 추출단위에 대한 목록이다. 표본추출의 대상이 될 조사 모집단을 명확히 규정하고 나면, 조사 모집단을 가장 잘 나타낼 수 있는 추출 단위들의 목록인 추출틀(Frame)을 결정하여야 한다.

쉽게 설명하여 조사 모집단의 명부를 표본추출틀이라고 하며, 뽑히는 실제 표본은 이 명부에서 얻게 된다. 현재 기재부에서 실시하고 있는 공공기관의 고객을 대상으로 한 고객만족도조사 실시의 경우, 해당 공공기관의 고객 리스트가 표본추출틀이 되는 것이다.

표본추출틀

매핑용KEY (통합 조사취합)	(사업정보) _제출부서	(사업정보) _사업유형 -PCSI용	(사업정보) _파견부문 /사업구분	(고객정보) _고객구분 (국내외)	(고객정보) _고객구분 (개인법인)	(고객정보) _성명	(고객정보) _성별	(고객정보) _연령대	(고객정보) _사용언어	(고객정보) _조사언어	(고객정보) _이메일주소 (개인메일)
KEY_0643	글인_개발협력 인재사업실	03.글로벌 인재사업	03.글로벌 인재사업	국내	개인	광개토왕	여성	20대	한국어	한국어	000@gmail.com
KEY_0644	글인_개발협력 인재사업실	03.글로벌 인재사업	03.글로벌 인재사업	국내	개인	장수왕	여성	30대	한국어	한국어	000@gmail.com
KEY_0645	글인_개발협력 인재사업실	03.글로벌 인재사업	03.글로벌 인재사업	국내	개인	문무대왕	여성	30대	한국어	한국어	000@gmail.com
KEY_0648	글인_개발협력 인재사업실	03.글로벌 인재사업	03.글로벌 인재사업	국내	개인	선덕여왕	여성	30대	한국어	한국어	000@gmail.com
KEY_0670	글인_개발협력 인재사업실	03.글로벌 인재사업	03.글로벌 인재사업	국내	개인	고국원왕	여성	30대	한국어	한국어	000@gmail.com
KEY_0677	글인_개발협력 인재사업실	03.글로벌 인재사업	03.글로벌 인재사업	국내	개인	소수림왕	여성	30대	한국어	한국어	000@gmail.com
KEY_0681	글인_개발협력 인재사업실	03.글로벌 인재사업	03.글로벌 인재사업	국내	개인	보장왕	여성	30대	한국어	한국어	000@gmail.com

기재부의 고객만족도조사가 1년에 1회 정기적으로 실시되고 있는데, 이처럼 정기적으로 실시되는 조사의 경우에는 조사 대상이 되는 모집단은 자연스럽게 변동하게 되고, 변동된 모집단을 잘 반영할 수 있도록 새롭게 작성된 표본추출틀이 준비되어야 한다. 특히 표본추출틀을 선정할 때 부정확(inaccuracy), 불완전(incomplete), 중복(duplication), 부적정(inadequate), 노후화(out of date) 여부를 점검하여야 한다.

통계청 예규[79])에 보면 위 표본추출틀 선정에 관하여 아래와 같이 규정되어 있다.

---

79) 통계청 표본과, (2016) 표본설계 및 관리지침

표본추출틀 관리부서는 모집단 변동의 적시 반영을 통한 표본의 대표성 확보를 위해 주기적으로 표본추출틀을 보완 관리하여야 한다. 매년 생성 또는 소멸하는 조사 단위를 반영하기 위해 최신 정보를 추가로 모집단에 반영하여야 한다. 최적의 표본설계를 실시하기 위하여 필요에 따라 복수의 표본추출틀을 구축하여 사용할 수 있다. 즉 적시성, 정확성, 최신성 등의 관리지침을 보여주고 있다.

표본추출 방법의 결정?

> 표본추출 문제는 표본의 신뢰성과 직결되고, 표본의 신뢰성 문제는 모집단의 특성을 반영한 조사의 신뢰성과 직결되며, 크게 확률표본추출과 비확률표본추출로 나눌 수 있다.

표본추출은 일반적으로 우연성이 적어야 대표성이 확보된다. 표본추출은 크게 2가지로 구분할 수 있는데, 확률표본추출과 비확률표본추출이다.

확률표본추출법(Probability Sampling)은 단순무작위표본추출, 계통표본추출, 층화표본추출, 집락표본추출로 구분할 수 있다.

비확률표본추출법(Non-probability Sampling)은 편의표본추출, 유의표본추출, 할당표본추출, 눈덩이표본추출로 구분할 수 있다.

표본추출 문제는 표본의 신뢰성과 직결되고, 표본의 신뢰성 문제는 모집단의 특성을 반영한 조사 결과의 문제, 즉 조사의 신뢰성과 직결된다.

이상적인 표본추출은 편향되지 않은 표본(unbiased sample)을 뽑아야 하고, 표본오차가 적은 표본을 뽑아야 한다.

표본추출 방법

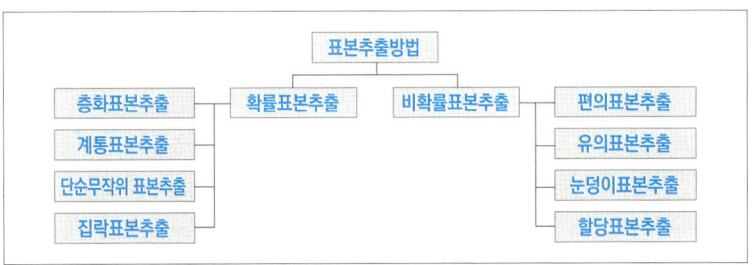

확률표본추출?

모집단 안에서 표본으로 뽑힐 가능성이 동일한 경우가 확률표본추출이다.

확률표본추출은 모집단의 모든 구성 요소들이 표본으로 뽑힐 가능성이 동일할 때 표본은 모집단을 대표한다는 것이다. 확률표본추출은 기본적으로 각 요소가 표본에 포함될 수 있는 확률을 갖게 하고자 하는 것이다. 즉 표본을 추출하기 전에 표본 추출단위가 표본으로 추출될 확률을 밝혀 줄 수 있는 정보를 갖고 있어야 한다. 예를 들어 100개의 표본추출틀에서 확률표본추출을 하는데 단순무작위표본추출로 1개를 뽑는다면, 그 확률 정보는 1/100이다.

확률표본추출과 비확률표본추출의 가장 큰 차이점은 해당하는 모집단 안에서 표본으로 뽑힐 가능성으로, 가능성이 동일한 경우가 확률표본추출이고, 가능성이 동일하지 않은 경우가 비확률표본추출이다.

단순무작위표본추출?

단순 확률추출, 단순 임의추출이라고도 하며, 표본을 무작위로 추출하는 방법으로 각 샘플은 선택될 확률이 같다.

단순 확률추출, 단순 임의추출이라고도 하며, Simple Random Sampling의 영어 앞 글자를 따서 간단히 SRS라고도 한다. Simple 이라는 단어를 생략하고 Random Sampling이라고 한다. 크기가 N개인 모집단에서 크기 n인 표본을 무작위로 추출하는 방법으로 각 샘플은 선택될 확률이 동일하다.

(수식) n/N

이 방식은 대규모 조사에서는 거의 사용되지 않지만 모든 표본추출 방법의 기초로 볼 수 있다.
단순무작위표본추출 방법도 2가지 방식이 있는데, 한번 추출된 요소를 다시 표본추출틀로 돌려보내서 원상으로 복원시켜서 다시 뽑힐 가능성이 있는 복원추출법과 한번 추출된 요소는 다시 보내지 않아서 2번 뽑힐 가능성을 차단한 비복원추출이다.

복원추출법, 비복원추출법

현재 추첨방식의 로또와 과거 원형 회전판에 활쏘기를 했던 주택복권 추첨방식을 비교해 보면 금방 이해가 갈 것이다. 현재 큰 원구에서 번호가 쓰인 작은 공이 임의로 튀어나오는 로또는 한번 추출된 공의 번호가 더 이상 큰 원구(표본추출틀)에는 존재하지 않고, 한번 나온 작은 공을 다시 큰 원구에 넣지 않기에 같은 번호가 2번 나올 가능성이 차단된 비복원추출방법이다.

추첨 판에 활쏘기하는 이전의 주택복권 추첨방식은 한번 번호가 선정된 이후, 원형 회전판에 해당 번호를 가리거나 제거하는 작업을 하지 않기에 같은 번호가 2번 나올 가능성이 있다. 이를 복원추출 방법이라고 한다.

계통표본추출?

모집단의 규모를 파악한 다음 구성 요소들의 순서, 질서에 따라 배열된 목록에서 일정한 순서에 따라 균일하게 무작위로 추출하는 방법이다.

계통표본추출(Systematic Sampling)은 모집단을 구성하고 있는 구성 요소들의 순서, 일정한 질서에 따라 배열된 목록에서 매 k번째의 구성요소를 추출하여 형성한 추출 방법이다. 표본추출틀에서 처음 1~k번째 단위 중 하나를 무작위로 선택 후, 매 k번째에 해당하는 표본을 추출하는 방법이다.

일단 표본추출틀인 조사 대상 리스트가 만들어지면, 처음 표본은 무작위로 선택하고, 그다음부터는 일정한 간격으로 추출하여 필요한 표본 수를 모두 추출하는 방식이다.

예를 들어서 500명의 고객리스트(표본추출틀)를 대상으로 100명을 표본으로 설문조사를 하고자 할 때,

① 0, 5, 10, 15, 20, 25... ② 1, 6, 11, 16, 21, 26...
③ 2, 7, 12, 17, 22, 27... ④ 3, 8, 13, 18, 23, 28...
⑤ 4, 9, 14, 19, 24, 29... ⑥ 5, 10, 15, 20, 25, 30...

의 방법처럼 5단위의 배수를 사용하여 표본을 추출하는 방법을 사용할 수 있다.

그런데 이 경우에도 위 ①번~⑥번 중 어떤 방식을 사용할 것인가는 다시 Random Sampling으로 통상 결정한다.

층화표본추출?

> 모집단을 동질적인 다수의 층으로 나누고, 이러한 층으로부터 단순무작위표본추출을 하는 방법으로, 모집단을 하위집단으로 층화시킨 다음 각 하위집단에서 적절한 수의 표본을 뽑아내는 방법이다.

층화표본추출(Stratified Sampling) 방법은 모집단을 하위집단으로 층화시킨 다음 각 하위집단에서 적절한 수의 표본을 뽑아내는 방법이다. 모집단을 동질적인 다수의 층으로 나누고, 이러한 층으로부터 단순무작위표본추출을 하는 방법이다.
이 방법은 동질적인 하위집단에서의 표본추출오차가 이질적인 집단에서의 오차보다 더 작다는 데 근거를 두고 있는 것으로, 층화는 동질적인 집단을 기준으로 한다.

예를 들어서 서울 시내 중학생 155,815명[80]의 흡연율을 조사해 보기로 하였다고 가정하자. 이중 조사 대상 표본을 1,000명으로 선정하였다고 가정하자.
조사 대상이 되는 모집단은 서울 시내의 모든 중학생이 될 것이다.
후에 조사 결과를 분석하기 위하여, 연구자는 분석에 필요한 카테고리를 사전에 생각할 것이다.
우선 쉽게 생각할 수 있는 것이 남자 중학생과 여자 중학생으로 구분하여 각 성별 흡연율을 분석할 필요이다. 참고로 위 통계의 남자 중학생

---

80) 서울시 중학교(국, 공립) 통계 (2022), 서울 열린 데이터 광장, 서울특별시

수는 81,633명이고 여자 중학생 수는 74,182명이다.

학년별 차이도 고려할 필요가 있을 것이다.

또 서울 시내 각 지역구 단위의 특성이 존재하는지도 궁금하다.

조사 후 이러한 상세 분석을 위하여 설계단계에서 1단계로 성별, 학년별, 지역구별에 따라 층을 분할하여, 한 층(Stratum) 안에는 동질성이 유지되고, 층간에는 이질성을 유지하도록 하는 방법이 층화추출법이다.

1단계로 분류한 남, 여 성별 구분 없이 표본추출틀을 운영하였다면, 특히 표본추출틀의 크기가 크지 않을 경우, 추출된 표본의 성별이 한쪽으로 쏠릴 수 있고, 이는 전체 모집단의 특성을 제대로 반영하지 못할 수 있다.

층화표본추출법은 표본오차를 방지하기 위한 좋은 선택이 될 수 있다.

층화표본추출

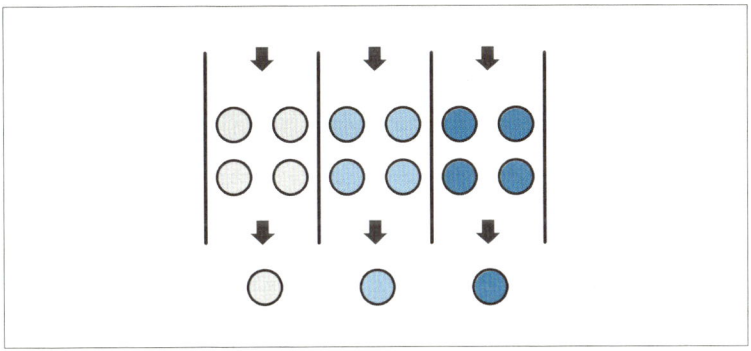

군집표본추출?

> 모집단을 각각의 구성요소인 개별 개체가 아닌 개체들로 이루어진 "집단(군집)"으로 분류하여, 그 집단을 무작위로 선정한 후 그 선정된 집단들 내에 있는 모든 구성요소 들을 표본으로 추출하는 방법이다.

군집표본추출(Cluster Sampling) 방법은 모집단을 각각의 구성요소인 개별 개체가 아닌 개체들로 이루어진 "집단(군집)"으로 분류하여, 그 집단을 무작위로 선정한 후 그 선정된 집단들 내에 있는 모든 구성요소 들을 표본으로 추출하는 방법이다.

군집표본추출 방법은 단순무작위표본추출 방법에 현실적인 제약이 있거나, 각 구성요소 들에 대한 표본추출틀이 없는 경우에도 표본을 추출할 수 있다.

군집표본추출 방법은 집단 내부의 구성요소는 각각 이질적인 속성을 가지고 있기에, 동질적인 속성을 가진 층화표본추출과는 다르다.

앞의 서울 시내 중학생들의 흡연율 조사 시 목표로 한 샘플 수가 1,000명이기에 특정 지역에 있는 특정 학교 중 1곳을 단순 무작위 추출하여 조사하였다고 하자. 예를 들어 여러 중학교 이름 중 1곳을 무작위 선정하였는데, 이 학교의 전체 학생 수가 1,100명이어서 이 중 1,000명을 조사하기로 하였다. 선정된 중학교가 남자 중학교였다고 가정하면 앞의 층화표본추출과는 다르게 여자 중학생의 흡연율은 반영하지 못하는 결과를 초래한다.

군집추출법은 해당 학교 내에 있는 이질적인 요소인 성별, 학년별 등등을 전부 한 군집(Cluster)으로 묶어 군집 자체는 특정 지역의 중학교라는 동질적인 요소를 갖게 하는 것이다.

군집 추출된 해당 중학교 안에서 표본을 추출할 때는 전 학년 모든 학생을 대상으로 하여 전수 조사를 하되 선착순으로 1,000명까지만 조사를 하는 방법을 사용할 수도 있고, 1,100명의 전교생 중 1,000명을 추출하는데 다시 학년별로 구분(층화)하는 방법을 사용할 수도 있다.

군집표본추출

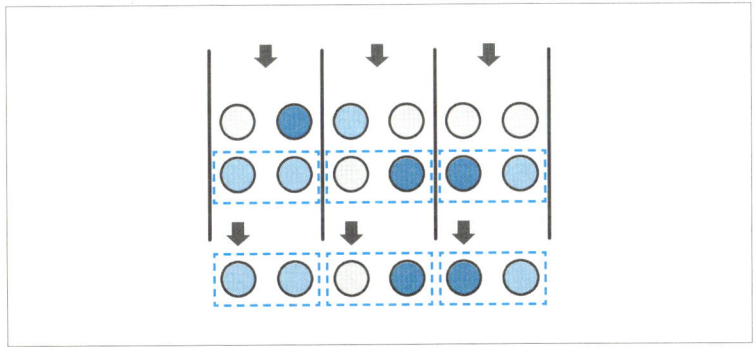

층화군집추출방법?

> 층화추출법과 군집추출법의 성질을 결합한 형태이다. 내부적으로는 동질적이고, 서로 간에는 이질적인 모집단을 분화하고 모든 층으로부터 군집을 추출하는 방식이다.

층화군집추출(Stratified Cluster Sampling) 방법은 층화추출법과 군집추출법의 성질을 결합한 형태이다.
내부적으로는 동질적이고, 서로 간에는 이질적인 모집단을 분화하고 모든 층으로부터 군집을 추출하는 방식이다.
군집은 각 층을 잘 대표할 수 있게 해 준다.
예를 들어보자. 앞의 서울 시내 중학생 흡연율 조사에 있어서, 1단계로 지역구별 또는 성별로 층을 분할하고 2단계로 분할된 각 층 내에서 군집인 학교를 추출하고 3단계로 이 학교 내에서 학생을 무작위 또는 계통추출 방법이다.
여기서 알 수 있듯이 확률표본추출의 방법을 공부하기 위하여 단순무작위표본추출, 계통표본추출, 층화표본추출, 군집표본추출로 나뉘어 그 특성을 설명하였지만, 실제 상황에 있어서는 이러한 4가지 추출 방법이 조합되어 합리적으로 사용된다는 사실을 이해하여야 하고 이러한 합리적인 조합이 표본오차를 줄인다는 사실을 기억해야 한다.

비확률표본추출?

> 비확률표본추출은 모집단을 정확하게 규정지을 수 없어 모집단의 범의를 한정할 수 없거나, 모집단의 범위는 한정할 수 있으나 표본추출틀을 구할 수 없는 경우, 즉 리스트를 구할 수 없는 경우에 사용되며 연구자의 주관적 판단으로 임의로 표본을 추출하는 방법이다.

비확률표본추출은 모집단의 구성원들이 표본으로 뽑힐 확률을 고려하지 않고, 연구자의 주관적 판단으로 임의로 표본을 추출하는 방법이다. 비확률표본추출은 모집단을 정확하게 규정지을 수 없어 모집단의 범의를 한정할 수 없거나, 모집단의 범위는 한정할 수 있으나 표본추출틀을 구할 수 없는 경우에 사용하게 된다. 즉 리스트를 구할 수 없는 경우에 사용된다.

비확률표본추출은 확률표본추출에 비하여 표본추출이 용이하고, 시간적, 경제적으로 비용이 적게 들며, 조사의 성격상 표본을 의도적으로 구성하거나, 임의로 구성하는 것이 더 효율적일 때 사용한다. 또는 경험적, 역사적으로 표본을 추출하는 것이 쉽지 않을 때 사용한다.

예를 들어보자. 고객 리스트가 관리되고 있지 않은 신설 백화점에서 고객만족도조사를 하여야할 경우, 임의로 특정일의 영업 시작 시각인 10시부터 12시까지 내점 하는 고객 중 100명을 대상으로 설문조사를 실시하였다고 가정하자. 설문조사를 실시할 때 조사원들은 100명의 응답이 마무리되면 설문조사를 즉시 마감하기로 하였다.

이 경우는 전체 이용 고객 중에 100명을 무작위로 추출한 확률표본추출처럼 보이지만, 아침에 응답 선착순으로 100명 안에 든 고객이 기타 오후 시간에 방문한 고객의 특성까지를 반영한다고 보기 어렵다. 예를 들어서 구매패턴은 물론 구매 금액, 직업 보유 여부 등도 차이가 있을 수 있다. 중요한 것은 이 신설 백화점의 고객(모집단) 중 이른 아침이 아닌 오후 시간을 포함하여 상대적으로 늦은 시간에 내점하는 대다수는 설문조사의 표본으로 뽑힐 가능성에서 배제되어 있기에, 설문조사 결과에 편향이 있을 수 있다. 특히 연구자가 아침에 내점하는 고객들의 특성을 일정 부문 예측하여 선착순 100명으로 마감을 한다면, 이는 연구자의 의도가 반영된 비확률표본추출을 사용한 것이다.

편의표본추출?

> 우연 표본추출이라고도 하며, 모집단에 대한 정보가 없을 때 표본 선정의 편리성에 초점을 두고, 연구자가 표본을 추출하기 쉬운 사람들을 대상으로 표본을 추출하는 방법이다.

편의표본추출(Convenience Sampling)이란 연구자가 표본을 추출하기 쉬운 사람들을 대상으로 표본을 추출하는 방법으로, 모집단에 대한 정보가 없을 때 표본 선정의 편리성에 초점을 두고 임의로 쉬운 방법으로 표본을 추출하는 방법이다. 편의표본추출 방법에서 가장 중요한 것은 표본추출의 편의성과 시간, 비용이며, 조사로 인한 오차 등은 후순위이다. 우연 표본추출(Accidental Sampling)이라고도 한다.

앞에서 설명하였던 사례인 신설 백화점에서 아침에 내점 하는 고객 100명을 대상으로 만족도 조사를 하겠다는 표본 추출방식이 편의표본 추출 방식이다.

유의표본추출?

> 연구자가 연구 목적을 달성하는 데 도움이 되는 구성요소를 의도적으로 추출하는 것으로 사전에 알고 있는 사람들 또는 설문조사를 완수할 수 있는 사람들만을 표본으로 추출하는 것이다.

유의표본추출(Purposive Sampling)은 연구자가 사전에 알고 있는 사람들 또는 설문조사를 완수할 수 있는 사람들만을 대상으로 설문조사를 진행하는 것이다. 보통 연구자가 가지고 있는 과거의 경험이나 지식을 바탕으로 표본을 추출하는 것이다.

여기서 중요한 것은 해당 연구 목적을 달성하는 데 도움이 되는 구성요소를 의도적으로 추출한다는 것으로 목적표본추출이라고도 한다.

신설 백화점에서 사전에 인근 거주민들을 대상으로 추후 현금처럼 사용할 수 있는 마일리지 등을 사전에 적립해 주는 이벤트를 실시하였고, 이때 마일리지를 제공받기 위하여 정보를 제공한 고객들을 대상으로, 제공받은 마일리지가 높은 순서대로 만족도 조사를 한다면, 위의 편의표본추출 방법에 따른 조사 결과 보다 틀림없이 높은 점수가 나올 것이다.

또는 선거 여론조사를 하면서 특정 정당 지지 성향이 가능한 소수의 특정 지역 주민을 대상으로 시행한다면 유의표본추출이라고 할 수 있다.

할당표본추출?

모집단을 일정한 카테고리로 분류한 후, 사전에 정해진 크기와 정해진 비율에 따라 모집단 구성원을 할당하고 이에 따라 표본의 크기를 사전에 정하는 방법이다.

할당표본추출(Quota Sampling)은 모집단이 갖는 특성의 비율에 맞추어 표본을 추출하는 방법으로 선거와 관련된 조사 등에 많이 사용된다.

예를 들어서 위의 백화점 고객을 대상으로 할 때 남녀성비를 4:6으로 맞추어 놓고 응답한 대상자가 해당 할당량을 모두 채우면 조사를 중지하는 방법이다. 대상자의 성비에 따라서 응답이 달라질 수 있다는 가정을 미리 하고 성비에 따른 쿼터를 사전에 정하는 방법이다. 이것은 표본의 할당 자체가 적정했느냐의 문제를 안고 있으며, 표본들이 전체 모집단의 의견을 정확히 반영하지 못할 수 있는 한계점이 있다.

눈덩이표본추출?

> 모집단에 접근하기 어렵거나 숨겨진 모집단이 있을 수 있는 경우에 사용되며, 설문조사에 이미 참여하고 있는 사람들로부터 다른 설문조사 참가자들을 모집해달라고 요청하여 눈덩이처럼 표본 수를 불리는 방법이다.

눈덩이표본추출(Snowball Sampling)은 대상자의 입에서 입으로, 또는 대상자의 소개로 적절한 표본의 크기가 이루어질 때까지 그 수를 늘리는 방법이다. 간단히 말하면 설문조사에 이미 참여하고 있는 사람들로부터 다른 설문조사 참가자들을 모집해달라고 요청하여, 눈덩이처럼 표본 수를 불리는 방법이다.

눈덩이표본추출 방법을 사용하는 이유는 모집단에 접근하기 어렵거나, 숨겨진 모집단이 있을 수 있는 경우에 사용된다. 해당 모집단에서 이미 응답을 한 응답자(표본)에게 모집단의 다른 구성원들에게 연락하도록 촉구하는 방식이다. 특히 해당 설문조사가 특정 여론을 형성하기 위한 경우, 해당 모집단에서 추구하는 특정 목적을 위해 해당 모집단 및 인근 유사 모집단에 손쉽게 표본을 추출하는 방법이다.

눈덩이표본추출 방법은 현장 면접조사 등에서는 접근이 쉽지 않은 모집단을 대상으로 표본을 추출할 때 유용하게 사용될 수 있으나, 현재와 같이 웹 조사가 일반화되어 있는 경우에는 큰 오류를 초래할 수 있다.

눈덩이표본추출법은 손쉽게 설문조사 링크를 SNS 등을 통하여 전달하고, 받은 사람이 또 다른 그룹에 전달하는 양태가 지속될 수 있어서, 최초 의도하였던 모집단과는 전혀 다른 모집단에서 조사에 응하거나 편향된 모집단의 편향된 의견만 취합하는 결과를 초래할 수도 있다.

웹 조사에서의 표본추출 방법?

웹 조사는 확률표본추출 방법과 비확률표본추출 방법의 2가지 방식이 공존한다. 홈페이지, 포탈 게시 등을 통한 자발적 참여에 의한 조사는 비확률추출법에 해당하고, 표본추출을 하여 대상자에게 이메일을 발송하여 조사하는 방식은 확률표본추출 방법에 해당한다.

인터넷을 활용한 웹 조사는 비용과 자원 절감, 빠른 조사 진행 등 장점이 많으나 표본추출 방법에 있어서는 우편을 통한 조사, 전화 조사 등과 표본추출 방법이 다를 수 있다.
웹 조사는 확률표본추출 방법과 비확률표본추출 방법의 2가지 방식이 공존한다.

첫째는 홈페이지 또는 포탈 게시 등을 통한 자발적 참여에 의한 조사이다. 이는 비확률추출법에 따른 것으로 앞에서 설명한 표본추출틀 구축 및 확률표본추출의 방법이 아니다.
둘째는 표본추출을 하여 대상자에게 이메일을 발송하여 조사하는 방식으로 확률표본추출 방법이다.
따라서 전혀 다른 2가지 형태의 웹 조사는 결괏값도 다를 수 있다.
첫째는 물론이고 둘째의 방법도 최초 이메일 발송대상자를 선정하는 것은 확률표본추출 방법이나, 실제 도달한 이메일을 열어 내용을 확인하고 설문에 참여하는 것은 본인의 자발적 의사로 설문에 참여하는 것으로 설문에 관심이 없어 무응답자로 남는 경우와 다르다. 본인의 자발적 의사로 설문조사에 참여하는 응답자 집단은 타 집단에 비하여 상대적으로 설문 주제에 관한 관심이 높은 집단으로 구성되어 있다고 볼 수 있다.

이러한 문제는 표본 대표성의 문제로 볼 수 있다. 표본 대표성이란 모집단에서 추출한 표본이 모집단의 특성을 반영할 수 있다는 것이다. 표집 과정이 적절한 방식으로 이루어져야 표본이 모집단을 대표할 가능성이 커지는데, 웹 조사는 응답자가 적절하게 모집단을 대표하느냐의 의문이 제기될 수 있다.

최근 필자가 본 사례를 하나 소개한다. 웹 설문조사를 진행하면서 2가지 방식을 병행실시 하였는데, 첫째는 이메일 발송대상자를 선정하여 이메일을 발송하고, 이메일 수신자가 특정 설문조사에 접속하도록 하여 설문조사를 진행하였고, 둘째는 동시에 홈페이지에 해당 설문조사를 게시하여 홈페이지 접속자를 대상으로 설문조사를 진행하였다.
이렇게 동시에 진행하는 사유는 짧은 시간에 많은 응답자를 확보하기 위함이다. 위와 같이 진행된 설문조사를 관심 있게 지켜보았는데 놀라운 사실은 설문조사가 종료되고 난 후, 제시된 결과보고서에 2개의 다른 진행방식에 대한 설명이 없이 결과만 발표되었다는 점이다. 전체 응답자 중 몇 명이 어떤 경로로 응답하였는지에 대한 설명이 없이 2개의 경로로 응답한 내용이 통합되어 하나의 결과로 발표되었다.
이메일을 송부하였다는 것은 앞에서 설명한 표본추출틀이 준비되어 있었다는 뜻이고, 홈페이지 접속자를 대상으로 설문조사를 진행하였다는 것은 표본추출틀 외의 응답자가 응답한 것 또는 표본추출틀과의 대조가 어려운 경우라고 파악하여야 하는데, 이 2개를 통합하여 분석하는 것이 가능한가?

  이 책을 앞에서부터 읽어 온 우리 독자들은 상당히 잘 못 되었다는 것을 인지할 것이다. 그러나 현실에서 이러한 일들이 발생하고 있는 점 또한 사실이다.

웹 조사의 방법론적인 오차?

홈페이지에 해당 설문조사를 게시하여 홈페이지 접속자를 대상으로 설문조사를 진행하는 경우는 대표적인 자기 보고식 설문조사에 해당하며, 이메일 통한 설문조사도 이메일 수신인이 선택적으로 참여 여부를 결정한다는 점에서 자기 보고식 설문조사라고 볼 수 있다.

1차적으로 본인의 자발적 의사로 설문조사에 적극적으로 참여하는 의사를 가진 사람만 편향되게 조사되는 포함 오차의 문제로 모집단의 특성을 맞게 대표하느냐의 물음에 직면한다. 또한 인터넷을 이용하여 설문에 응답한 응답자들은 인터넷 접근성 등으로 표본추출오차의 문제도 발생한다.

같은 조사를 2가지 형태로 함께 진행하였을 때는 당연히 결괏값의 차이가 있다.

이러한 인터넷 조사의 방법론적인 문제를 표본추출오차(Sampling Error), 포함 오차(Coverage Error), 측정오차(Measurement Error), 무응답 오차(Non-response Error)로 구분하며, 앞의 표본추출오차는 표본에 관련된 것이고 포함 오차, 측정오차 및 무응답 오차는 비표본오차에 해당한다.[81] 다시 한번 정의해 보면 표집 과정에서 나타나는 표본추출 관련 오차를 제외하고는 모두 비표본오차라고 정의할 수 있다. 비표본오차는 표본오차에 비하여 총 오차에서 차지하는 비중이 크기 때문에 비표본오차를 축소하는 노력이 필요하다. 표본오차는 표본이 커지면 축소되기에 상대적으로 측정이 수월하나, 비표본오차는 측정이 쉽지 않고

---

81) Don A. Diliman, Jolene D. Smyth, Leah Melani Christian (2014), Internet, Phone, Mail and mixed-mode surveys;The tailored design method, Hoboken, NJ:John Wiley & Sons

관리하기가 어렵다.

표본추출오차(Sampling Error)란 표본추출틀에서 일부의 표본이 제시한 추정값과 모든 표본 단위가 제시한 추정값 사이에 차이가 발생하는 것으로, 표본추출틀 전체를 전수조사하지 않는 한 항상 존재한다. 즉 표본으로부터 추출한 결과와 모집단 전체의 결과물이 일치하지 않는 것은 표본추출오차가 존재하기 때문이다.

포함 오차(Coverage Error)란 모집단으로부터 구성 요소들이 표본추출틀에 포함되지 않은 경우, 또는 복수의 목표 모집단 단위가 표본에 존재하여 발생할 수 있는 조사범위의 오류로 모집단의 표본 대표성 문제이다. 앞에서 설명하였듯이 확률표본추출은 모집단의 모든 구성요소 들이 표본으로 뽑힐 가능성이 동일할 때 표본은 모집단을 대표한다는 것이고, 좋은 샘플(High Quality Sample)은 적정한 리스트(Accurate List)에서 추출되어야 한다.

측정오차(Measurement Error)란 응답자가 설문 문항에 정확하게 응답하지 않을 때 발생하는 측정오류로, 응답자가 정확한 답을 할 수 없거나 일부러 정확한 답을 하지 않은 경우 발생한다.
측정오차는 측정 대상의 특성과 개념에 대한 정의가 명확하며, 체계적인 자료 수집 절차가 이루어지면 축소될 수 있다. 그러나 실제 조사를 통하여 자료 수집 시 설문의 설계, 측정 방법, 응답자의 응답 부담으로 인한 불성실 응답 등이 측정 오차를 유발한다.즉 측정오차는 조사 대상의 실제 측정값과 응답자가 제시한 값과의 차이를 의미하며, 조사 결과의 편향을 초래하며 분석 결과를 왜곡시킬 수 있다.

측정오차의 원인은 일반적으로 4가지로 분류하여 설명한다.
1) 설문 내용(Questionnaire)
2) 자료수집방법(Data collection mode)
3) 면접원(Interviewer)
4) 응답자(Respondent)

설문 내용은 설문의 설계, 시각적 레이아웃, 문구의 정확한 설명 오류 등으로 발생하며, 설문의 질문이 모호할 경우 응답자의 해석 오류를 발생시킨다. 설문의 내용뿐만 아니라 설문의 길이도 측정 오차를 유발한다.

자료수집방법은 현장 면접조사, 서면조사, 전화 조사, 온라인을 통한 웹 조사 등 조사와 자료수집방법의 차이가 오차를 일으킨다. 뒤에 자세히 살펴보기로 하자.

면접원으로 인한 면접원효과 또한 측정오차로 볼 수 있다. 특히 면접원의 태도, 질문을 하는 스킬, 면접원이 사용하는 시간의 촉박함 등이 오차를 발생시킨다.
응답자 또한 사회적 바람직함에 대한 편향, 주변 제3자 존재 여부 등에 따라 오차를 발생시킨다.
이러한 측정오차는 뒤에 별도로 살펴보도록 하자.

무응답 오차(Non-Response Error)란 응답자의 일부가 설문에 응답하지 않았을 때 발생하는 오류로, 추정과 달리 설문에 응답하지 않거나 일부 문항에 대하여 응답하지 않는 경우가 있다.

특히 자기 보고식(self-report) 설문조사의 활용 확대는 적은 비용으로 많은 표본을 대상으로 많은 양의 데이터를 쉽게 수집할 수 있고, 정서 및 태도와 같은 변수들도 설문 응답자의 지각에 근거한 응답을 통해 데이터 수집이 가능하다는 장점 때문이다. 대표적인 자기 보고식 설문조사는 홈페이지에 해당 설문조사를 게시하여 홈페이지 접속자를 대상으로 설문조사를 진행하는 경우가 해당한다. 이메일을 통한 설문조사도 이메일 수신인이 선택적으로 참여 여부를 결정한다는 점에서 자기 보고식 설문조사라고 볼 수 있다.
이는 위에서 언급한 오차가 모두 발생할 수 있는데, 1차적으로 본인의 자발적 의사로 설문조사에 적극적으로 참여하는 의사를 가진 사람만 편향되게 조사되는 포함 오차의 문제로 모집단의 특성을 맞게 대표하느냐의 물음에 직면한다. 연구 결과에 따르면 인터넷을 이용하여 설문에 응답한 응답자들은 자기편향으로 젊고 부유한 계층에 편중되어 있다고 한다. 따라서 표본추출오차의 문제가 발생한다. 또한 응답자들이 설문조사를 진행하는 과정에서, 사회적 바람직성 응답 편향이나 특정 계층의 생각을 대표하는 심리적 상황도 측정오차를 발생시키고 나아가 전체 항목 또는 특정 항목에 일부러 응답하지 않는 무응답 오차를 유발한다.

표본추출오차의 축소 방법?

> 표본크기 조정과 더불어 모집단의 특성을 대표할 수 있도록 표본설계 방법을 조정하고 표본추출 방법을 다양화하여야 한다.

표본추출오차는 근본적으로 표본추출틀에서 일부 표본만을 추출하는 것에서 발생하기에, 일반적으로 표본의 크기를 늘리면 오차는 줄어든다. 특히 군집표집(Cluster Sampling)을 활용하는 경우는 군집 간 동질성이 클수록 표본추출오차는 줄어드는 것으로 나타난다.

중요한 것은 표본크기 조정과 더불어 모집단의 특성을 대표할 수 있도록 표본설계 방법을 조정하고 표본추출 방법을 다양화하여야 한다.

비표본오차의 축소 방법?

> 비표본오차는 설문조사의 기획 및 수행의 전 과정에서 발생하기에 비표본오차를 발생시키는 모든 처리 과정을 세분화해서 기록하고, 각 과정에서 발생하는 비표본오차를 관리하여야 한다.

비표본오차는 설문조사의 기획 및 수행의 전 과정에서 발생하며, 측정과 제어가 어렵다. 따라서 비표본오차를 축소하는 정의된 방법은 사실상 없다고 보아야 하나, 조사 도구의 타당성 검토, 설문지 설계 전반 확인, 조사원에 대한 철저한 교육, 설문조사 관련 훈련 프로그램 제공 등 노력을 기울여야 한다.

또한 비표본오차를 발생시키는 모든 처리 과정을 세분화해서 기록하고, 각 과정에서 발생하는 비표본오차를 관리하여야 한다.

예를 들어서 데이터 입력 및 편집과정에서 발생할 수 있는 오차를 축소하기 위하여 데이터 입력 전 과정의 전산화를 점검하고, 누락 되는 데이터가 있는지 입력이 안 되고 버려지는 데이터가 있는지를 살펴야 한다.

비확률표본 추출조사의 장점?

비확률표본 추출은 데이터 수집 속도가 빠르고, 조사비용이 상대적으로 저렴하며, 잠재 응답자에 대한 접근이 상대적으로 쉽다. 비확률표본을 이용한 표본조사는 완비된 표본추출틀을 요구하지도 않고 표본 선정이 간단하고 빠르며, 잠재 응답자를 구하기가 쉽기에 단시간 내에 목표하는 샘플에 도달할 수 있다.

온라인을 통한 웹 조사가 일반화되면서 비확률표본 추출조사가 더 광범위하게 사용되고 있다.

확률표본추출은 잘 정비된 표본추출틀과 정교한 표집 설계, 이를 바탕으로 한 표본추출, 그리고 완전한 응답을 전제한다. 만약 모집단의 특성을 반영한 표본추출틀이 준비되지 못하거나, 비응답, 무응답의 과다로 완전한 응답을 받지 못하면 확률분포에 왜곡이 생기고, 이것으로 표본의 대표성이 문제 되고, 결국 데이터의 객관성과 신뢰도가 약화되는 결과를 초래한다.

이러한 문제점을 보완하려면 표본추출틀의 포함률을 확대하고, 응답자의 응답률을 개선하는 노력이 필요한데, 이는 조사 대상을 확대하여 조사비용이 늘어나고 더 긴 조사 기간을 요구한다. 확률표본조사가 갖는 이러한 어려운 점에 비하여, 비확률표본 추출은 데이터 수집 속도가 빠르고, 조사비용이 상대적으로 저렴하며, 잠재 응답자에 대한 접근이 상대적으로 쉽기에 현실적인 대안으로 생각해 볼 수 있다.

비확률표본을 이용한 표본조사는 완비된 표본추출틀을 요구하지도 않고, 표본 선정이 간단하고 빠르며, 잠재 응답자를 구하기가 쉽기에 단시간

내에 목표하는 샘플에 도달할 수 있다.

그러나 비확률표본추출은 추출확률 분포가 없으므로 표본에 대표성을 부여하기가 어렵고, 모집단의 특성을 반영하여 층화추출 등이 되지 않기에 표준오차 등도 계산하기 어렵다. 무엇보다도 자기 선정(self-selection) 문제 등으로 과대 표집 또는 과소 표집의 문제를 발생시킨다.

따라서 비확률표본을 조사해서는 통계적 추론을 제대로 할 수 없다. 확률표집 없는 통계적 추론은 불가능하거나 통계적 추론에 적절하지 않은 것[82]이라는 견해가 일반적이다.

비확률표본에 대한 비판은 첫째, 비확률표본은 비확률적으로 선정되기 때문에 연구자의 선택 편향에 영향을 받는다는 점이고, 둘째는 비확률표본이 확률분포와 연계되어 있지 않으므로 통계적 추론이 어렵다는 점이다.[83]

---

[82] Reg Baker, J.Maichael Brick, Nancy Battaglia et al. (2013), Summary Report of the AAPOR Task Force on Non-probability Sampling, Journal of survey statistics and methodology

[83] 김규성 (2015), 표본조사에서 비확률표집 방법론 고찰, 조사연구

비확률표본 추출조사의 확대 방안?

> 비확률표본 추출조사의 문제점인 표본의 선택 편향을 완화해 선택 편향을 줄이는 방법을 고민하여야 하는데, 우선 비확률표본의 선택 편향을 줄이는 방법으로 표본 대응 방법을 적용할 수 있다.

데이터 수집 속도가 빠르고 조사비용이 상대적으로 저렴하며, 잠재 응답자에 대한 접근이 용이하기에 현실적인 대안이라 평가받는 비확률표본 조사를 활용하려면 어떤 점을 고려하여야 하는가?
앞에서 살펴본 바와 같이, 비확률표본 추출의 문제점은 표본추출 시 표본추출틀이 없기에 응답자가 선택할 수밖에 없는, 즉 연구자가 표본의 선택 편향을 제어하지 못하여 발생하는 표본 대표성의 문제와 여기서 발생하는 확률분포가 뚜렷하지 않기에 통계적 추론이 어렵다는 점이다. 그러면 표본의 선택 편향을 완화해 선택 편향을 줄이는 방법과 비확률표본을 이용하여서도 통계적 추론이 가능한 방법은 없는가?

우선 비확률표본의 선택 편향을 줄이는 방법으로 표본 대응 방법을 적용할 수 있다. 이해를 돕기 위하여 쉽게 설명하면, 실제 모집단과 비확률표본을 통하여 추출한 샘플과의 특성을 반영하여 각 특성치를 대응시키는 것이다.
예를 들어서 실제 모집단의 특성이 20대 여성이 전체 모집단 중 차지하는 비중이 12%, 20대 남성이 전체 모집단 중 차지하는 비중이 14%라고 확인이 되면, 비확률표본을 통하여 조사 확인된 샘플을 할당표집 방식을 적용하여 20대 여성은 12%, 20대 남성은 14%가

되게 샘플을 배분하고 할당표집 이후 조사치는 버리는 방법이다.

이러한 방법을 사용하려면, 설문조사 수행 시 할당표집에 필요한 응답자의 기본 정보를 기재하게 하고, 사후에 이를 근거로 분류하여야 한다. 사후에 층화추출 방식을 사용하는 것이다. 모집단 특성치와 비확률표본 특성치와의 차이를 비교하여 가중치 등 조절 변수를 사용하는데, 이 조절 변수가 모집단 특성치와 비확률표본 특성치를 잘 반영한다면 선택 편향은 줄어드나, 만약 조절 변수에 오차가 있다면 오히려 선택 편향이 증가하게 되는 문제점이 있다.

또한 이러한 사후층화 방법은 앞에서 설명한 할당표집 방식을 도입하여 목표 할당량 이후의 조사치는 버리는 방법과, 전체 조사 샘플을 대상으로 분석하되 조절 변수를 통하여 가중치 등을 조정하는 방법이 있는데, 여기서도 편차가 존재할 수 있다.

비확률표본을 이용한 통계적 추론 방법은 균형추출(Balanced Sampling)[84] 모형기반추론 방법[85] 등이 있으나, 말 그대로 통계적 방법에 치우친 부분이기에 여기서는 세부 설명은 안 한다.

여기서 독자들이 기억해야 할 중요한 사항은 웹 조사를 시행할 경우, 홈페이지 접속자 등을 통한 비확률표본 조사인 경우는 실제 모집단의

---

84) Yves Tille (2011), Ten years of balanced sampling with the cube method: An appraisal, Survey Methodology. Survey methodology.
85) Richard Valliant, Alan H. Dorfman, Richard M. Royall (2000), Finite population sampling and inference: A prediction approach. Research gate.

특성과 다른 선택 편향이 존재하므로 이를 줄이는 노력을 하여야 한다는 것을 인지하고 있어야 한다는 것이다. 특히 데이터를 분석하거나 보고서 작성 시 선택 편향을 줄이기 위해 어떤 방법을 사용하였는지, 데이터를 어떻게 처리하였는지를 반드시 명시하여야 한다는 점이다.

웹 조사가 간단히 손쉽게 실시할 수 있다 보니, 이러한 점을 전부 간과하고 비확률표본의 특성을 제대로 반영하지 않은 설문조사 보고서가 너무 많고, 너무 많이 눈에 띈다.

잘못된 데이터를 분석한 조사보고서는 해당 설문조사를 실시하지 않을 때보다 더 큰 리스크에 노출된다.

설문의 회수율?

우편조사의 경우 설문지를 우편으로 발송하고 이를 다시 회수하는 회수율과 내용상 전부를 다 정상적으로 응답한 응답률을 구분한다. 웹 조사에서는 궁극적으로 회수율은 응답률을 의미한다고 보아야 한다.

웹 조사에 있어서 설문조사의 회수율과 응답률을 구분하는 것은 무의미하다. 다만 우편조사의 경우 설문지를 우편으로 발송하고 이를 다시 회수하는 회수율과 내용상 전부를 다 정상적으로 응답한 응답률을 구분할 수는 있을 것이다.
그러나 웹 조사에서 궁극적으로 회수율은 응답률을 의미한다고 보아야 할 것이다.
그러면 응답률이란 무엇인가?

설문조사에 참여하는 단계를 구별해 보면 "배포-참여-이탈-완료"로 나누어 볼 수 있다.
대상자에게 설문 참여를 안내하고 설문지를 배포한 후, 대상자가 배포한 설문에 참여하도록 하고, 모든 문항에 응답하지 않고 중간에서 설문을 종료하거나 전체 문항에 답변하지 않은 것을 이탈이라고 하며, 모든 문항에 응답하여 설문지를 제출하는 것을 완료라고 한다.
응답률이란 응답을 모두 완료한 "응답 완료율"을 의미한다. 즉 설문에 참여하여 이탈 없이 모든 필수 문항을 응답 완료한 비율을 말하며, (응답 완료 수)/(설문 배포수) x100이다.

응답 완료율 = (응답 완료 수)/(설문 배포수)x100

설문의 회수율 또는 응답률은 설문조사의 표본 대표성을 추청할 수 있는 주요한 기준 중의 하나로 결과분석 시 보고서상에 반드시 응답률이 명시 되어져야 한다.

자기 보고식(self-report) 설문조사, 예를 들어서 사내 직원 만족도 조사 등의 경우 설문조사에 응답하지 않는 것도 하나의 부정적인 의사표시를 의미하는 불성실 응답의 유형이라고 볼 수 있기에 응답률을 반드시 표기하고 분석할 때 이를 확인하여야 한다.

다만 분석 시 유의할 점은 응답률이 낮다는 것이 설문조사의 신뢰도가 낮다는 것을 의미하지는 않는다는 것이다. 응답을 완료한 대상자 그룹이 모집단을 잘 대표할 수 있도록 표본이 구성되어 있다면 해당 조사는 신뢰성을 충분히 확보할 수 있다는 점이다.

정부 조사의 표본 구성?

일반적으로 정부 조사는 국가통계에 등록된 인구총조사를 기반으로 하는 조사구를 사용하여 표본을 추출한다.

일반적으로 정부 조사는 국가통계에 등록된 인구총조사를 기반으로 하는 조사구를 사용하여 표본을 추출한다. 장애인 실태조사, 한국노동패널조사, 한국복지패널조사 등의 표본조사가 해당한다. 지방자치단체들의 각종 설문조사는 인구센서스를 기반으로 한 층화추출 방법을 사용한다.

정부에서 공공기관을 대상으로 시행하는 설문조사는 대표적으로 공공기관 고객만족도조사와 국민인식도조사가 있다. 두 조사 모두 공공기관 경영평가에 그 결과가 반영된다.
공공기관 고객만족도조사는 원칙적으로 해당 기관이 작성하여 제출한 고객 리스트(표본추출틀)에서 표본이 추출되기에 확률표본조사이고, 국민인식도조사는 조사 대상 기관인 기재부의 위탁을 받은 조세재정연구원에서 일반 국민을 대상으로 직접 표본을 추출하는데, 조사의 표본 구성표를 보면 행정안전부 주민등록통계 기준으로 성별/연령별 표본 할당을 한다.

자료수집방법은 구조화된 설문지에 의한 전화 조사, 조사지역은 전국으로 권역별 인구 비례 할당이라고 되어 있다.

모집단은 공공기관을 인지하고 있는 전국 국민이라고 되어 있고 18세 이상이라는 단서가 없으니, 일단 제한 없는 전국 국민을 대상으로 한다.

표본크기는 200 표본이고 구체적으로 명시되어 있지는 않지만, 행정안전부에서 국가통계에 등록한 주민등록통계 기준으로 성별, 연령별로 층화하여 표본을 추출하였을 것이며, 특히 지역별로는 위 통계에 나와 있는 권역별 인구 비례로 표본을 할당하여 할당된 표본이 차면 조사를 종료하는 할당표본 방식이고, 전화 조사는 앞에서 설명한 RDD 방식일 것이다. 자세한 설명은 없지만, 전화는 휴대전화가 아닌 지역번호로 해당 지역을 구분할 수 있는 유선전화를 사용할 것이다.

여기서 강조하고 싶은 것은 전국 국민을 대상으로 하는 조사, 위의 국민인식도 조사, 여론조사 등은 전부 행정안전부 국가통계인 주민등록통계를 기준으로 이루어지고 있다는 점이고, 표본을 추출할 때는 성별, 연령별 층화 후 지역별로 인구 비례를 고려하여 할당표본을 정하고, 이후 무작위 표본 추출방식으로 설문이 진행되며, 해당 할당 표본이 다 충족되면 종료되는 할당표본 추출방식을 사용한다는 점이다.

조사설계

일반국민

조사대상	공공기관을 인지하고 있는 전국 국민
표본크기	200표본
표본 구성표	행정안전부 주민등록통계 기준 * 성/연령별 표본 할당
자료수집방법	구조화된 설문지에 의한 전화조사
조사지역	전국(권역별 인구 비례 할당)
조사시기	2023년 2월 20일 ~ 2023년 3월 15일까지

지역주민

조사대상	공공기관을 인지하고 있는 대상지역 국민
표본크기	100표본
표본 구성표	행정안전부 주민등록통계 기준 * 성/연령별 표본 할당
자료수집방법	구조화된 설문지에 의한 현장방문 조사
조사지역	전국(권역별 인구 비례 할당)
조사시기	2023년 2월 20일 ~ 2023년 3월 15일까지

III

분석단계의 논점들

III. 분석단계의 논점들

무응답?

무응답은 크게 "광의의 무응답"과 "협의의 무응답"으로 구분한다. 광의의 무응답은 표본추출틀에 포함된 설문조사 대상자에 대한 조사가 불가능하거나 조사 자체를 거부하는 경우에 발생하며, 협의의 무응답은 설문 대상자가 설문 응답 시 일부 문항에 대하여 부주의로 응답하지 않는 경우 발생한다.

설문조사에서 무응답 발생은 당연시되고 있으나, 조사보고서에 무응답 처리 방법에 대해서는 언급하지 않고 있는 경우가 대다수이다. 2000년부터 2004년까지 5년간의 한국행정학회보, 한국정책학회보, 정책분석평가학회보에 게재된 350면의 연구논문 중 결측치를 언급한 연구논문은 9편에 불과하였다고 한다.[86]

무응답은 크게 "광의의 무응답"과 "협의의 무응답"으로 나눌 수 있다. 광의의 무응답은 표본추출틀에 포함된 설문조사 대상자에 대한 조사가 불가능하거나 조사 자체를 거부하는 경우 발생하며, 협의의 무응답은 설문 대상자가 설문 응답 시 일부 문항에 대하여 부주의로 응답하지 않거나 아니면 의도적으로 응답을 하는 경우 발생한다.

---

86) 강민아, 김경아 (2006), 행정학 및 정책학 조사연구에서 결측치 발생과 처리 방법에 대한 고찰, 한국행정학회보

참고로 최근 웹 설문조사의 경우는 특정 문항에 응답하지 않으면 추가적인 설문 진행이 불가능하여지도록 하여, 특정 문항의 누락이나 특정 문항에 대한 무응답을 방지하고 있다. 그런데 이 경우 설문 응답자가 설문을 시작하였는데도 불구하고 궁극적으로 설문을 종료하지 못한 경우가 해당하며, 이러한 무응답은 처리를 어떻게 해야 하는가의 문제를 또 발생시킨다.

무응답 발생 원인?

> 무응답 발생의 원인은 조사에 대한 부담감, 사생활 침해에 대한 염려, 연구 주제에 대한 무관심, 자료의 수집 방법 및 조사기간, 강제적 참여 등을 꼽을 수 있다. 설문 주제에 대한 인지도가 낮은 경우, 응답자가 답변할 수 없는 질문을 한 경우, 응답자의 기억력 한계, 잘못된 문항 설계, 자료의 처리미숙 등도 원인으로 파악한다.

설문조사 대상자가 질문 문항에 답하지 않는 무응답은 왜 발생하는가? 무응답의 원인으로는 조사 대상 모집단의 특성에 기인하는 것, 조사에 대한 부담감, 사생활 침해에 대한 염려, 연구 주제에 대한 무관심, 자료의 수집 방법 및 조사 기간, 강제적 또는 자발적 참여에 의한 원인 등으로 기술하고 있다.[87] 설문 주제에 대한 인지도가 낮은 경우, 응답자가 답변할 수 없는 질문을 한 경우, 응답자의 기억력 한계, 잘못된 문항 설계, 자료의 처리미숙 등도 원인으로 파악한다. 필자가 실무에서 지켜보면 여기에 더하여 조사에 대한 거부감 또는 특정 항목에 대한 거부감이 무응답의 발생원인 중 한 축으로 작용한다.

일반적으로 사회 조사연구에서 분석 및 보고서 작성 시 적어도 50%의 응답률이 적정하다고 하며, 60%는 양호, 70%의 응답률은 매우 좋은 것으로 파악한다.[88]

---

[87] Lee S.W, Kim E.G. (1997) Statistical techniques for treatment of nonresponses in public health categorical data. Journal of the korean society of health statistics.

[88] E.Babbie (2007), The practice of social research (the 11th edition), Wadsworth

무응답을 결측 처리했을 때 영향?

> 무응답을 결측 처리하면 일차적으로 표본의 규모가 감소하며, 이를 전부 결측 처리한다면 표본 구성 자체가 처음 설계한 비율과는 크게 달라진다.
> 어떤 특정 문항에 응답하지 않는 사람들이 특정 소득계층이나 특정 학력 계층 또는 특정 지역 거주층에서 크게 발생한다면, 응답한 사람들만을 대상으로 조사하고 연구하게 되는 오류가 나타난다.

무응답을 결측 처리하면 가장 쉽게 생각할 수 있는 것은 표본의 규모가 감소한다는 것이다. 일반적인 통계 패키지에서는 설문을 완전히 끝내지 않은 무응답이 발생하면 해당 사례를 분석 대상에서 자동으로 제외하고 있다. 따라서 어느 한 항목을 기준으로 보았을 때는 무응답의 비율이 높지 않아도 전체 데이터를 기준으로 보면 제외되는 표본이 많게 되고, 표본 숫자의 감소는 표본의 대표성과 검정력에 영향을 미치게 된다. 특히 표본의 대표성이 낮아지는 문제는 분석 결과에 편의를 발생시킬 수 있다는 뜻이다. 특히 무응답의 원인이 조사에 대한 거부감, 적대심 등에서 비롯된 것이라면 표본의 대표성 문제는 더 크게 영향을 받는다.

표본을 추출할 때 모집단을 하위집단으로 층화시키고 각 층화된 군집에서 각 특성을 반영한 조사 대상 표본을 선정하고 분석에 필요한 카테고리를 사전에 생각하였는데, 실제 조사단계에서 처음에 설계한 비율과 달리 단위 무응답 또는 항목 무응답이 특정 층화 군집에서 집중적으로 발생하고, 이를 전부 결측 처리한다면 표본 구성 자체가 처음 설계한 비율과는 크게 달라질 것이다.

예를 들어 어떤 특정 문항에 응답하지 않는 사람들이 특정 소득 계층이나 특정 학력 계층 또는 특정 지역 거주층에서 크게 발생한다면, 반대로 응답한 사람들만을 대상으로 조사하고 연구하게 되는 오류가 나타나게 된다. 중요한 것은 무응답으로 인한 결측치가 표본의 대표성 훼손과 분석 결과에 큰 영향을 미치지만, 결측치가 결과에 어떠한 편차를 주었고 결과분석에 어떠한 영향을 미쳤는지를 분석하기가 쉽지 않다는 것이다.

결측의 비율에 따라 미치는 영향을 고려하여야 하는데, 결측률이 5% 이하일 경우에는 특별한 보정 없이 분석해도 된다[89]고 보며, 무응답이 1% 이하인 경우는 무시하고, 1~5%일 경우는 보정 처리가 가능하고, 15% 이상이면 방법상 정교한 보정이 필요하다고 본다.[90]

---

89) Jonh W.Graham (2009), Missing data analysis: Making it work in the real world, Annual review of psychology.
90) E. Acuna and C. Rodriguez (2004), The treatment of missing values and its effect on classifier accuracy, Springer. 고길곤, 탁현우, 이보라 (2014), 설문조사 연구에서 결측치의 영향과 대체방법의 적절성에 대한 실증연구, 정책분석평가학회보

무응답 데이터의 처리?

가장 손쉬운 방법은 무응답 자료를 분석에서 제외하는 완전 제거법이다. 기타 동일 응답자에게 무응답 항목을 재조사하는 재조사법, 무응답 항목을 대체 값을 구하여 대체하는 다중 대체법 등이 있다.

광의의 무응답은 단위 무응답(unit non-response)이라고 하며, 협의의 무응답은 항목 무응답(item non-response)이라고 한다.

이러한 무응답이 발생하였을 때 어떻게 처리하여야 하는가? 가장 손쉬운 방법은 무응답 자료를 분석에서 제외하는 방법이다. 응답률을 결함 없이 끝까지 응답한 조사만 기준으로 산정하고 나머지는 표본 숫자에 산입시키지 않는 방법이다. 그러나 일부 항목에 대한 무응답이 발생한 경우, 응답을 한 다른 문항까지 전부 조사 결과에 포함하지 않고 표본에서 제외한다면 표본의 크기도 적어지고, 시간과 비용에 비하여 효율적이지 않으며, 무엇보다도 어떤 항목에서 무응답이 발생하고 있는지에 대한 분석도 전혀 이루어지지 않는다는 문제가 발생한다. 그러면 무응답을 어떻게 처리하는 것이 바람직한가?

무응답의 처리 방법으로 가장 많이 사용되는 것은 완전 제거법, 재조사법, 다중 대체법이다.
이를 먼저 설명하면 완전 제거법(Listwise Deletion)은 무응답을 포함한 사례를 분석에서 제외하는 것이다. 가장 손쉽게 사용되는 무응답 데이터 처리 방법으로, 무응답 항목이 존재하여 완벽하게 응답하지 못한 경우 이 사례 자체를 결측 처리시키는 방법이다. 분석에서 제외 시 완전히 제거하는 완전 제거법과 설문 문항의 상관관계분석을 통해 상관관계가 확인된 경우에만 분석하는 한 쌍 제거법(Pairwise Deletion)이 있다. 이러한 방법은 대부분 통계 패키지 소프트웨어에 포함되어 있는 결측치 처리 방법이다.

재조사법(Callbacks)은 동일 응답자에게 무응답이 있는 문항을 다시 한번 물어보고 답을 얻어내는 방식이다. 동일 응답자에게 다시 응답을 확인하기에 상대적으로 편의가 발생하지 않으나, 비용적인 측면의 문제가 발생하며, 실제 사용에는 제약이 따른다.

다중 대체법(Multiple Imputation)은 대체될 변수에 대하여 변수의 정규 분포 등을 가정하여 추정된 모수와 표준오차를 계산하여, 가능한 한 대체 값의 분포에서 추출된 서로 다른 값으로 결측치를 처리한 복수의 데이터 셋을 생성한 뒤에 이들 데이터 셋에 대하여 별도의 분석을 시행하고, 여기서 확인한 모수의 추정량과 표본오차를 통합하여 분석 결과를 제시하는 방법이다.
일부 항목에만 무응답을 한 경우 해당 조사표본을 제거하지 않고 무응답 항목을 보완하여 조사 결과에 포함하여 활용하는 방안으로 가장 많이 활용되는 것은, 해당하는 항목의 관측된 평균값으로 결측 값을 대체하는 평균 대체법(Mean Imputation)과 결측된 항목의 값을 종속변수로 하고 나머지 항목의 값을 설명변수로 하여 이 두 가지 변수의 단순회귀분석을 통한 회귀 값을 구하여 결측된 항목의 값으로 사용하는 회귀 대체법(Regression Imputation)이 있다. 그러나 이 경우 모두 대체를 통하여 완전한 설문조사의 구성을 종료하였다는 점에서 비용과 시간의 절약 등 효율성을 확보하였다고 하지만 대체값 자체가 편의추정량을 발생시키는 것으로 알려져 있다. 더 나아가서 대체값을 확률 추출하여 대체하기도 하는 확률적 대체방법(Stochastic Imputation)도 있다.

현실적인 방법에 있어서 가장 좋은 것은 무응답이 존재하는 경우, 재조사를 통하여 해당 무응답 항목에 대한 응답을 구하는 것이 가장 좋은 방법이다. 그러나 시간과 비용상 효율성이 떨어지기에 무응답이 발생한 자료를 제거하여 결측시키는 완전 제거법이 현재 실무에서 가장 많이 사용되고 있다.
다중대체 방법은 실제 결측 데이터에 적용하는 경우 그 타당성에 대한 의문으로 인해 보편적으로는 활용되고 있지 못하다.[91]

최근 국가통계에 사용되는 자료의 경우에는 단위 무응답 및 모집단의 특성을 반영할 수 있는 가중값을 제공하고 있거나, 무응답 처리 부분에 대한 주의를 상기시키고 있다. 이런 영향으로 소규모 설문조사나 조사설계가 이루어지지 않은 경우에도 무응답 대책을 적용해야 한다고 인식되고 있다.
무응답의 처리에 있어서 무응답의 발생 원인을 먼저 고려하고 분석

---

91) 고길곤, 탁현우 (2016), 설문자료의 결측치 처리방법에 관한 연구: 다중대체법과 재조사법을 중심으로, 행정논총

하여야 한다. 그러나 무응답의 발생 원인에 대한 파악이 불가능한 경우, 무응답의 대체 방법을 성급히 결정하거나 무응답이 발생한 자료를 모두 제거하는 방법보다는 무응답 자체를 하나의 반응으로 처리하거나, 개별적 항목에서만 무응답을 분석에서 제외하는 것[92]도 고려할만하다.

또한 실무에서 가장 많이 사용하는 완전 제거법을 사용한 경우는 결측치 비율에 대한 정보를 반드시 보고서상에 기술하여 참고하도록 하여야 한다.

---

[92] 이화정, 강석복 (2012), 설문조사에서의 무응답 처리, 한국데이터정보과학회지

귀무가설, 대립가설?

결과에 영향을 미치는 새로운 변수를 찾아내기 위하여 연구 모델을 수립하는데, 이때 어떠한 논제에 대해 이를 검증하기 위하여 미리 추정하는 결론을 가설이라고 한다. 가설은 크게 기존의 현상이 맞는다고 가정하는 귀무가설과 새로운 주장으로 제시하는 대립가설로 구분한다.

설문조사 등을 통하여 새로운 정보를 파악하기 전에 "기존에 보편적으로 옳다고 믿어져 온 주장"에 대하여 그러한 주장이 사실과 다르다는 것을 입증하거나, 결과에 영향을 미치는 새로운 변수를 찾아내기 위하여 연구 모델을 수립할 때 어떠한 논제에 대해 이를 검증하기 위하여 미리 추정하는 결론을 가설(hypothesis)이라고 한다.

가설은 크게 기존의 현상이 맞는다고 가정하는 귀무가설(Null Hypothesis)과 새로운 주장으로 제시하는 대립가설(Alternative Hypothesis)로 구분한다.

귀무가설은 대립가설의 반대 개념이다. 이것도 용어가 어렵다, 단어를 들었을 때 머릿속에 개념이 딱 정리되지 않으면 어려운 단어이다. 영어 단어로 보자!

hypothesis는 가설이다. 이 가설을 무시하는(null) 것이 귀무가설이다. 대안(alternative)으로 제시하기 위해 세운 가설이 대립가설이다. 영어로 이해하기가 쉬울 수 있다.

대립가설은 새로 입증하고자 하는 주장, 새로운 대안이 담긴 것이고 귀무가설은 그에 반대되는 지금의 유지되는 현상 또는 새로 입증하고자 하는 대안이 맞지 않는다는 반대의 개념을 담은 것이다.

몇 년 전에 전기의 전압과 전류 간의 차이를 조정하는 전압 제어 장치 등을 통하여 전기요금을 크게 절감할 수 있다는 컨설팅이 대형 제조공장을 중심으로 유행한 적이 있었다. 어떤 특정 기계적인 제어 장치를 설치하면 전기요금을 15% 이상 절감할 수 있다는 명제를 조사하고자 한다.

이때 대립가설은 현 상황에 대한 대안을 설치 후에 15% 절감이라는 가설로 제시한 것이고, 귀무가설은 15% 절감이라는 대안 가설을 무시 또는 결과적으로 아니라(null)는 것을 전제로 한 것이다.

이 경우에 전체 공장 적용 전에 1개 동 또는 2개 동의 공장 건물(sample)에 먼저 제어설비를 적용해 보고, 최종적으로 의사결정을 하기로 했다면,

(대립가설을 입증할만한 뚜렷한 결과가 있음, 즉 15% 이상 절감)
→ 귀무가설 기각, 대립가설 채택
(대립가설을 지지할만한 뚜렷한 근거가 없음, 즉 효과가 미미)
→ 귀무가설 채택, 대립가설 기각

귀무가설은 대립가설의 여집합이라고 생각할 수 있기에, 대립가설을 지지할만한 뚜렷한 근거가 없는 것이 곧 귀무가설을 지지할 근거이다. 입증하기를 바라는 뚜렷한 근거자료가 없으면 귀무가설을 채택할 수밖에 없고, 귀무가설을 채택한다는 것은 대립가설을 입증할 뚜렷한 근거가 표본자료에서 발견되지 않았다는 뜻이다.

설문조사는 모집단 전체가 아닌 조사된 표본에 의한 정보로만 판단한다.

표본조사 결과 나타난 정보가 대립가설을 뚜렷하게 뒷받침하면 대립가설을 채택하고, 그렇지 않으면 귀무가설을 채택할 것이다. 귀무가설과 대립가설의 맞고 틀림은 알지 못한 채 귀무가설 또는 대립가설을 채택하는 행위만 하는 것이다.

유의확률, 유의수준?

> 유의확률은 해당 분석 결괏값이 유의할 확률이고, 유의수준은 유의한지 아닌지를 판단하는 기준이다.
> 예를 들어서 귀무가설이 맞는데, 귀무가설이 기각되고 연구자가 대안으로 제시한 대립가설이 채택될 확률이 유의확률이다.

앞에서 "통계적으로 유의미하다"라는 개념을 설명하였다.
모집단에서 표본을 추출해서 조사할 때 모집단의 특성과 다른 "오차", 표본오차를 고려하더라도 표본에서의 특성이 모집단의 특성 추정을 하는데 크게 결과가 바뀌지 않을 때 "통계적으로 유의미하다"라고 설명하였다.
일반적으로 사회과학에서는 5%의 유의수준을 많이 사용하는데, 유의수준이 5%라는 의미는 귀무가설이 기각될 확률이 5%, 채택될 확률이 95%라는 뜻이다.

    유의수준(Level of Significance)은 귀무가설이 참인데 대립가설을 채택할 오류의 위험성을 부담할 최대확률로, α(알파)라고 하며 0.05 값을 주로 사용한다. 즉 통계학에서 허용하는 오차인 5%를 의미하며, 신뢰수준은 "1-유의수준"인데, 95%로 계산하면 "1-0.05=0.95"로 100번을 구했을 때 95번이 포함된다고 해석하면 된다.

    유의확률(Significance Probability)은 귀무가설이 옳다고 가정할 때, 통계치가 관측될 확률로서, p-value(p값)라고 한다. 귀무가설이 맞는다는 전제하에 표본에서 실제로 관측된 통계치와 같거나 더 극단적인 통계치가 관측될 확률이다. 어떤 사건이 우연히 발생할 확률이 0.05보다 작을 가능성은 거의 없으며, 만약 발생하더라도 그것은 우연히 발생한 것(귀무가설)이 아니라 유의했기 때문에(대립가설) 일어난 것으로 해석하기 때문에 귀무가설을 기각하고 대립가설을 채택하는 것이다. "유의확률"이라는 말보다 "probability value"라는 말이 더 쉽게 개념을 떠 올릴 수 있다. 일반적으로 유의확률이 0.05보다 작으면 통계적으로 유의미하다고 하고, 0.01보다 작으면 매우 유의미하다(very significant)고 한다.

쉽게 설명할 예를 들어보자.

동전을 던져서 앞면과 뒷면이 나올 확률은 각 1/2이다. 이것을 귀무가설로 맞는다고 가정했을 때, 동전을 100번 던져서 그 결과를 통계를 내는 실험을 1회라고 가정하자. 앞면과 뒷면이 나올 확률이 1/2이라는 것을 100번의 실험을 해서 95번 같은 결과가 나오고 다른 결과가 나온 것이 5번이라면 유의확률이 0.05가 된다. 만약 100번 실험을 해서 99번이 같은 결과가 나오고 1번이 다른 결과가 나왔다면 유의확률이 0.01이 된다.

이례적으로 동전 100번 던지기를 100회 실시하였는데, 전부 앞면만 나오는 결과가 100회 모두에서 나타났다면 이것은 최초 전제한 귀무가설과 전혀 다른 관측치이고 이 경우 같은 실험 결과가 나온 것이 없으므로 유의확률이 1이 될 것이다. 이것은 통계적으로 무의미하다. 즉 단순 우연일 수 있다는 것이다.

유의확률은 유의수준의 기준값과 비교하여 대립가설의 채택이나 기각을 판단한다.

유의수준이 0.05라고 가정 시,

p값이 0.03이라면 p값이 유의수준보다 낮기에, 귀무가설은 기각되고 대립가설이 채택된다.

p값이 0.07이라면 p값이 유의수준보다 높기에, 귀무가설이 채택되고 대립가설은 기각된다.

이러한 유의수준을 판단하는 여러 가지 지표는 t검정, ANOVA, 회귀분석, 교차분석 등을 실시하였을 때 확인할 수 있다.

그런데 여기서 또 하나의 딜레마가 있다. 통계학을 학습하지 않은 일반인에게 통계 관련 수식 또는 수리 통계 관련 내용을 설명하는 것이 맞는가의 문제이다. 과거에는 통계 분석을 하려면 제일 먼저 계산하여야 할 기본 통계 수식을 설명하고, 이에 따라 표준정규분포표, t분포표, F분포표, 분자의 자유도를 설명하여야 했다. 그리고 통계학 서적의 맨 뒷면은 항상 이런 분포표가 차지하였다. 그런데 지금 이 책을 읽는 독자들은 비록 설문조사를 기획하고 주관은 하지만 웹 조사에 익숙하고, 패키지화된 통계소프트웨어를 돌리고 나서 기본적인 보고서 작성 tool을 사용하여 그 결과를 표현하는 것에 익숙하다.

대표적으로 데이터를 해석하는 것에도 일반적으로 평균을 구해서 판단하고, 각 조사구간의 평균값이 틀리면 다른 것이라고 인식한다.

편차의 차이를 인식하느냐의 문제는 2차적이고, 통계 프로그램에서 제공된 편차를 설명할 수 있느냐가 1차적인 문제이다. 통계적으로 유의한 결과를 알려주는 숫자가 어떻게 나오는지를 설명하면, 대부분의 현장 실무자는 미리부터 수학 또는 수리 통계로 받아들이기에 이를 복잡해하며 쉽게 수용하지 않으려는 기본자세를 갖고 있다. 대신에 잘 정리된 통계 프로그램을 단순 활용하여 실용적인 수준에서 이해하고 그 결과를 설명하기를 희망한다. 사실 필자가 보아도 통계 패키지가 잘 나와 있는 요즈음 수리적 통계를 설명할 필요가 있는가 하는 생각이 든다.

앞에서 이야기했듯이 웹 조사가 일반화되었고 설문조사 패키지를 통한 설문조사가 기획되고 있는 현 상황을 반영하여 기본적인 문제를 인식하는데 설명을 맞춘다.

모집단의 특성을 나타내는 모수?

표본으로부터 도출한 결괏값을 분석하면 표본의 속성을 나타내는 통계량을 구할 수 있고, 이 통계량을 이용해서 모집단의 속성을 나타내는 통계량인 모수를 추정할 수 있다.

설문조사를 통하여 자료를 수집하고 분석하는 것은 모집단과 관련된 특성들을 파악하기 위함이다. 모집단의 특성을 나타내는 모수들은 평균, 비율, 분산 등이 있는데, 이 모수들은 모집단 전체를 대상으로 전수조사하면 하나의 값으로 확정할 수 있으나, 표본추출 틀을 통한 표본으로 조사를 하고 정보를 수집한 것이라면 모집단에 대한 통계적 추론을 시행한다.

통계적 추론은 모수 추정과 가설검정으로 구성되며, 표본으로부터 얻는 정보와 모집단의 특성과의 사이 관계를 파악함으로 통계적 추론이 가능하다.

데이터 분석 기법?

> 학술적 연구 방법 중에서 데이터 분석을 할 때 어떠한 분석 방법을 많이 사용하였느냐를 확인한 연구가 있다. 이 자료에 따르면 가장 많이 사용하는 방법은 빈도분석이며, 신뢰도 분석, 탐색적 요인분석 순으로 많이 사용되었다.

데이터 분석기법에는 아래와 같이 많은 방법이 있다.
이중 상당수는 통계 프로그램을 통하여 쉽게 그 결과를 확인할 수 있는데, 이 책에서는 많이 사용되는 분석 방법에 대하여 중요한 특징만 설명한다.

빈도분석(frequency analysis)
신뢰도 분석(reliability analysis)
탐색적 요인분석(exploratory factor analysis)
상관관계분석(correlation analysis)
회귀분석(regression analysis)
구조방정식모형(structural equation modeling)
확인적 요인분석(confirmatory factor analysis)
분산분석(ANOVA)
T-검증(T-test)
교차분석(cross-tab analysis)
기술통계 분석(descriptive statistics analysis)
군집분석(cluster analysis)

IPA분석
경로분석(path analysis)
정준상관분석(canonical correlation analysis)

(데이터마이닝 분석)
분류분석(classification analysis)
군집분석(clustering analysis)
연관규칙분석(association rule analysis)
추정 및 예측분석(estimation and prediction analysis)
순차 패턴분석(sequential pattern analysis)

학술적 연구 방법 중에서 데이터 분석을 할 때 어떠한 분석 방법을 많이 사용하였느냐를 확인한 연구[93]가 있다. 이 자료에 따르면 분석한 전체 251편의 연구논문의 복수의 분석 방법을 확인한 결과, 빈도분석이 244편(97.2%), 신뢰도 분석이 195편(77.7%), 탐색적 요인분석이 172편, 상관관계분석이 115편, 회귀분석이 111편, 구조방정식 모형이 76편 사용된 것으로 나온다.

이 책에서는 위를 기준으로 가장 많이 사용되는 분석 방법을 우선 설명하고자 한다.

---

[93] 나영아, 나태균 (2015), 한국조리학회지에 게재된 학술적 연구의 통계적 기법 분석, 한국조리학회지

빈도분석?

> 표본의 특성을 설명할 때 말로 풀어서 기술하여, 데이터를 제시하면서 설명해 주는 것이 기술통계이며, 기술통계의 대표적 분석 방법이며 가장 기본적인 분석 방법이 빈도분석이다. 빈도분석은 주로 표본의 특성을 설명해 주는 용도로 활용하며, 대표적으로 데이터의 빈도와 구성비를 퍼센트(%) 단위로 사용하여 설명한다.

기술통계 분석(Descriptive Statistics Analysis)은 표본을 분석한 결과로 표본의 특성을 그대로 설명하는 것이다. 표본의 특성을 설명할 때 말로 풀어서 기술하여, 데이터를 제시하면서 설명해 주는 것이다. 예를 들어 표본의 연령, 성별 구성비 등을 설명해 주는 것이 기술통계이며, 기술통계의 대표적 분석 방법이며 가장 기본적인 분석 방법이 빈도분석(Frequency Analysis)이다.

빈도분석은 명목척도, 서열척도, 등간척도, 비율척도 등을 모두 사용할 수 있고, 표본에 대한 평균, 중위수, 최빈수, 합계 및 표준편차, 분산, 최소값, 최대값, 범위, 평균의 표준오차, 왜도, 첨도를 확인할 수 있다.

빈도분석은 주로 표본의 특성을 설명해 주는 용도로 활용한다. 빈도분석 결과를 보고서에 담을 때는 "표본의 일반적 특성" 또는 "응답자 특성"이라고 제목을 다는 경우가 일반적이다.
대표적으로 데이터의 빈도와 구성비를 퍼센트(%) 단위로 사용한다.

본 설문에 응답한 423명의 일반적 특성은 다음과 같다. 각 업무구성별 구성비는 지역사업본부별로 1본부 91명(21.5%), 2본부 94명(22.2%), 3본부 40명(9.5%), 4본부 95명(22.5%), 5본부 103명(24.3%) 이며, 성별은 남성이 여성보다 129명 많은 246명이 응답하여 58.2%로 나타났다. 또한 연령별로는 20대가 54명(12.8%), 30대가 140명(33.1%), 40대가 137명(32.4%), 50대가 74명(17.5%), 60대가 18명(4.3%)으로 나타났다.

구분		사례 수	비율(%)
전체		423	100
업무구성 별	지역사업1본부	91	21.5
	지역사업2본부	94	22.2
	지역사업3본부	40	9.5
	지역사업4본부	95	22.5
	지역사업5본부	103	24.3
성별	남성	246	58.2
	여성	177	41.8
연령별	20대	54	12.8
	30대	140	33.1
	40대	137	32.4
	50대	74	17.5
	60대	18	4.3

이처럼 말로 풀어서 기술하는 것보다 간단한 표로 만들어서 제시하는 것이 일반적이다.

빈도분석 시에 놓쳐서는 안 될 것이 전체 통계량의 유효수치와 결측치이다. 앞장에서 무응답 데이터의 처리 방법에 대하여 설명하였듯이 결측치가 발생하였다는 것은 조사된 데이터의 편향을 일으키는 문제가 발생할 수 있다는 것으로, 특히 데이터를 처리하는 과정에서 통계량 확인은 데이터가 수집되는 과정에서 조사 완료된 데이터가 제대로 입력되지 않고 누락 될 가능성이 있기에 데이터 결측 여부는 반드시 확인하여야 한다. 아울러 무응답 데이터의 처리 방향에 대하여도 반드시 보고서상에 기술 되어져야 한다.

신뢰도 분석?

> 신뢰도 분석은 신뢰도를 측정하기 위한 분석이다. 설문지를 설계할 때 문항 및 척도에 대한 신뢰도를 갖추었는지를 분석하는 것이다.

척도의 신뢰성이란 한 대상을 여러 번 측정하거나 한가지 측정도구를 반복 측정하였을 때 일관성 있는 결과가 나오는 것을 말한다. 이때 일관성 있는 결과가 나오면 그 척도의 신뢰성은 높은 것으로 평가한다.

신뢰도 분석(Reliability Analysis)은 신뢰도를 측정하기 위한 분석이다. 설문지를 설계할 때 문항 및 척도에 대한 신뢰도를 갖추었는지를 분석하는 것이다.

신뢰도 분석에서는 통상 크론바흐 알파(Cronbach α) 지수를 이용하는데, 설문지의 여러 문항이 얻고자 하는 정보에 잘 접근하고 있는지를 확인하는 것으로 다양한 항목들에 내적일관성이 있는지를 측정하는 것이다. 크론바흐 알파는 크론바흐라는 통계학자에 의해서 고안된 것이다.

개념을 조금 더 살펴보자. 보통 설문지를 통하여 평가하고자 하는 개념들이 몇 개인지를 확인하고, 각 개념들을 측정하기 위하여 몇 개의 질문 문항을 준비하였는지를 보고, 준비된 문항 들이 얼마나 일관성 있게 평가하고자 하는 개념을 측정하고 있는지의 "내적일관성 또는 내적 합치도"를 보는 것이다.

크론바흐 알파(Cronbach α)는 신뢰성지수, 내적합치도 지수, 동질성

지수, 내적일관성 지수, 알파 값 등으로 불린다.

크론바흐 알파 값은 0에서 1 사이의 값을 가지며, 1에 가까울수록 신뢰도가 높다고 해석된다. 신뢰도가 높다 낮다는 판정 기준으로 통상 0.7을 많이 사용하는데, 요즈음은 이 기준을 높여서 실증연구에는 0.8을 사용하기도 한다.

0.7이라는 숫자는 너넬리[94]가 제시한 것으로, 척도개발 연구 등 대다수의 연구에서 신뢰도 기준으로 사용되고 있다. 일반적으로 신뢰도 값이 클수록 바람직하다고 판단하지만, 높은 신뢰도는 시간과 비용 등 경제성의 희생을 담보하며, 나아가 완벽한 신뢰도는 타당성의 결여를 의미한다.

신뢰도를 증가시키기 위하여 타당성이 희생되는 현상을 Attenuation Paradox라고 한다. 높은 신뢰도 값은 내용 타당성과 상충관계를 갖는다. 쉽게 설명하면, 신뢰도를 높이기 위하여 본질적으로 같은 질문을 서로 다른 형식으로 반복해서 질문하는 것은 각각의 항목을 측정하기 위해 내용을 포괄적으로 대표할 수 있는 것으로, 구성된 문항과는 상충되는 것이다.

예를 들어서 설명하면, 사내 직원 만족도조사에서
문항 01) 우리 팀 내에서 직원 간 업무에 필요한 정보가 공유되고 있는 편이다.
문항 02) 상사는 조직의 중요한 일에 대하여 직원들과 공유하는

---

94) Nunnally, J.C. (1967), Psychometric theory. NY Mcgraw-Hill

편이다.

문항 03) 우리 팀은 구성원 간 서로 존중하는 분위기가 형성되어 있다.

문항 04) 우리 팀에서는 동료 간 또는 부서장과 부서원 간의 의사소통이 원만하게 이루어지고 있다.

위 항목을 대상으로 크론바흐 알파를 계산하여 0.73의 값을 구했다면, 0.7을 판정 기준으로 했을 때 상기 4개 항목은 "팀 내 커뮤니케이션"이라는 같은 개념을 평가하는데 신뢰성이 있다고 판단할 수 있다.

널리 쓰이는 SPSS 및 SAS 등의 범용 통계 프로그램은 이러한 신뢰도 계수가 쉽게 구해질 수 있도록 프로그램되어 있다.

탐색적 요인분석, 타당도 분석?

> 탐색적 요인분석은 타당도 분석이라고도 하며, 개념을 구성하는 성분들이 사전 연구와 동일하게 구성되어 있는지 검증하는 것이다.

탐색적 요인분석(Exploratory Factor Analysis)은 타당도 분석이라고도 하며, 개념을 구성하는 성분들이 사전 연구와 동일하게 구성되어 있는지 검증하는 것이다. 여러 개의 항목을 공통 성분으로 묶고 세부 항목들이 동일한 개념을 측정하는 도구의 타당성을 검증하고자 사용한다. 독립변수와 종속변수 같은 인과관계 분석이 아닌, 각 독립변수 간의 공통점을 추출하고 독립변수 간의 공통점을 가정하여, 모집단의 특성이 무엇인지를 확인한다.

신뢰도가 측정의 일관성 혹은 안정성을 의미한다면, 타당도는 측정하고자 하는 개념의 본질 문제이다. 아주 쉽게 설명하면 어떤 조사 또는 측정으로 데이터가 가리키는 것이 연구자가 알고자 하던 것과 일치하는 정도이다.

타당도는 내용타당도, 구성타당도, 준거타당도로 나눌 수 있다.
내용타당도(Content validity)는 측정하고자 하는 분야의 전문가가 자신의 지식이나 논리에 의해서 타당성을 결정하는 방법이다. 예를 들어 설문조사 시 설문 초안이 설계된 이후 전문가에게 문항을 사전에 검토하게 하는데, 설문 문항이 조사하고자 하는 내용을 적절하게 포함하고 있는지, 문항 수가 적절한지 등을 확인하는 것이다. 내용타당도는 객관적 자료에 의해 타당도가 결정되지 않고, 전문가의 주관적 판단으로 이루어지기 때문에 전문가의 주관이 많이 개입되는 단점이 있다.

구성타당도(Construct validity)는 측정하고자 하는 추상적 개념이 실제로 측정 도구에 의해 제대로 측정되었는지의 정도를 확인한다. 사회과학에서 다루는 직접 측정할 수 없는 추상적 개념들을 측정 도구에 의해 제대로 측정되었는지의 정도를 파악한다. 예를 들어서 직원 만족도를 측정하기 위해 개발한 여러 개념과 문항을 기초로 자료를 수집하고, 해당 자료 분석 결과가 연구자가 주장하는 요인들을 정말 지지하고 있는지 타당성을 검증하는 것이다.
구성타당도의 핵심은 조작적 정의(operational definition)라고 할 수 있다. 직접 관찰할 수 없는 추상적 개념을, 관찰할 수 있고 측정할 수 있는 지표들로 환산해서 측정하는 환산 과정이 조작적 정의 과정인 것이다.
구성타당도를 검증하는 방법으로 상관계수를 이용하는 방법 중 서로 다른 측정 방법을 사용하더라도 동일한 개념을 측정한다면 그 측정값은 하나의 차원으로 수렴하여야 한다는 수렴 타당도와 서로 상이한 개념을 특정하는 경우는 서로 다른 측정 방법을 사용하더라도 그 측정값 간에는 차별성이 나타나야 한다는 변별타당도로 구분할 수 있다. 이를 상관계수가 높을수록 수렴타당도가 높다고 말하고, 상관계수가 낮을수록 변별타당도가 높다고 말한다. 즉 변별타당도는 수렴타당도와 반대 개념이다. 상관계수에 대한 설명은 아래 상관관계 분석에서 확인할 수 있다.

개념이 쉽게 들어오지 않는다. 영어로 살펴보자

수렴타당도는 Convergent validity 변별타당도는 Discriminant validity이다.

직역한 해석 그대로 convergent는 궁극적으로 수렴되어 나타나는 공통점이고, discriminant는 다름을 변별하기 위한 것이다. 예를 들어서 혈액 채취를 통하여 혈중알코올농도를 측정하는 방법과 혈액 채취로 매연을 측정하는 방법을 비교한다고 하면, 첫 번째는 상관계수가 높기에 수렴타당도가 높다고 말하고, 두 번째는 혈액채취를 통하여 매연을 검사하는 것은 상관계수가 낮기에 변별타당도가 높다고 말하는 것이다.

준거타당도(Criterion-related validity)는 기준타당도라고도 하며, 조사 이전 외적 기준에 맞추어 결과가 유사한지 확인하는 방법이다. 조사의 결과가 예측한 내용의 외적 기준과 같다면 준거타당도가 높다고 할 것이다.

준거타당도는 동시타당도(Concurrent validity)와 예측타당도(Predictive validity)로 구분할 수 있다.

동시타당도는 기존에 존재하는 외적 기준(준거)을 통한 데이터와 새로 조사한 특정 결과를 동시에 확보하여 그 결과가 유사한지 확인하는 방법이며, 유사하다면 동시타당도가 높은 것이다. 예측타당도는 새로 조사한 데이터를 확보한 이후에, 시간이 지남에 따라 예측한 바가 기존의 준거에 부합하는 지를 확인하는 것으로 부합한다면 예측타당도가 높다고 할 것이다.

상관관계분석?

> 두 변수 간 연관된 관계의 정도를 상관관계라고 하며, 상관관계의 정도를 나타내는 상관계수는 두 변수 간의 연관된 정도를 나타내는 것이다. 상관관계분석은 두 변수 간에 어떤 선형적인 관계가 있는지 분석하는 방법이다.

상관관계분석(Correlation analysis)은 두 변수 간에 어떤 선형적인 관계가 있는지 분석하는 방법이다. 두 변수 간 연관된 관계의 정도를 상관관계(Correlation)라고 하며, 상관관계의 정도를 나타내는 상관계수는 두 변수 간의 연관된 정도를 나타내는 것으로 두 변수 간에 원인과 결과의 관계를 설명하는 인과관계를 설명하는 것은 아니다. 참고로 인과관계 여부는 회귀분석을 통하여 분석해 볼 수 있다.

단순히 2개의 변수가 어느 정도의 강도로 상관관계를 가졌는지 분석하는 단순상관분석(Simple correlation analysis)과 2개 이상의 변수 간 관계 강도를 측정하는 다중상관분석(Multiple correlation analysis)이 있다.

상관계수는 피어슨 상관계수와 스피어만 상관계수가 대표적인데, 이러한 상관계수 또한 패키지화된 통계 프로그램에서 쉽게 구할 수 있다. 우리 독자들은 설문조사 보고서 등에 명시된 상관계수를 해석할 수 있으면 된다.

피어슨 상관계수와 스피어만 상관계수의 해석을 살펴보자.

피어슨 상관계수(Pearson correlation coefficient)는 변수 X와

Y가 완전히 같으면 +1, 전혀 다르면 0, 반대 방향이면 -1을 가진다. 결정계수 r^2로 계산하며, 이것은 X로부터 Y를 예측할 수 있는 정도를 의미한다.

r이 -1.0~-0.7이면 강한 반대의 선형 관계
r이 -0.7~-0.3이면 뚜렷한 반대의 선형 관계
r이 -0.3~-0.1이면 약한 반대의 선형 관계
r이 -0.1~+0.1이면 거의 무시할 수 있는 선형 관계
r이 +0.1~+0.3이면 약한 선형 관계
r이 +0.3~+0.7이면 뚜렷한 선형 관계
r이 +0.7~+1.0이면 강한 선형 관계로 해석할 수 있다.

스피어만 상관계수(Spearman correlation coefficient)는 데이터를 작은 것부터 차례로 순위를 매겨서 서열척도 순위로 바꾼 뒤 순위를 이용해서 상관계수를 구하는 방법이다. 스피어만 상관계수는 -1과 +1 사이의 값을 가지는데, 두 변수 안의 순위가 완전히 일치하면 +1이고, 두 변수의 순위가 완전히 반대이면 -1로 표현된다.

회귀분석?

> 회귀분석은 하나 이상의 독립변수와 하나의 종속변수 사이의 관계를 분석하여, 결과에 미치는 인과관계를 분석하는 데 사용된다.

회귀분석(Regression analysis)은 관찰된 연속형 변수들에 대해 두 변수 사이의 모형을 구한 뒤 적합도를 측정해내는 분석 방법이다. 회귀분석은 하나 이상의 독립변수와 하나의 종속변수 사이의 관계를 분석하여, 결과에 미치는 인과관계를 분석하는 데 사용된다. 즉 어떤 변수가 다른 변수에 의하여 설명된다고 보고, 그 두 개 변수 간의 함수 관계를 조사하는 방법이다. 회귀분석의 기본인 단순 선형회귀분석은 한 변수의 변화가 다른 변수를 어떻게 변화시키는지에 대한 원인 결과의 성격을 갖는 영향 관계가 중요한 분석 대상이다.

대표적인 선형 회귀분석에 대하여 특징을 설명하면,
첫째는 선형성(linearity)으로 두 변수 간의 영향 관계가 선형적이라는 것이다. 두 변수 간의 관계를 일차함수 형태로 표현하면 일차함수를 따르는 직선(회귀선)으로 나타나는데, 이러한 선의 형태가 나타난다는 것을 의미한다.

선형성

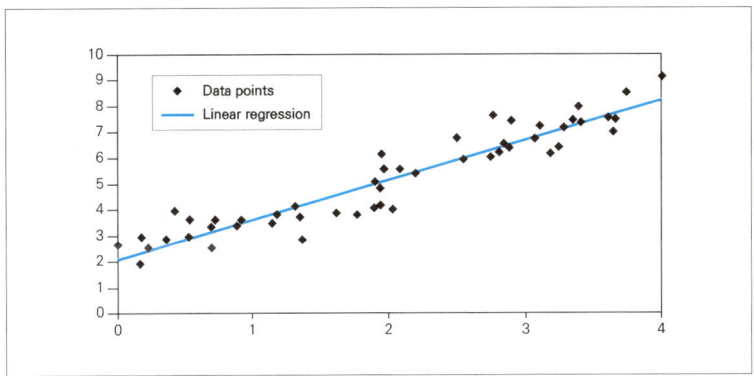

둘째는 정규성(normality)으로 모집단 오차항은 회귀선을 중심으로 정규 분포를 이루면서 산포 되어 있다. 즉 회기선 근처일수록 관측값이 많고 회귀선에서 멀어질수록 관측값이 적어진다.

셋째는 독립성(independence)이다. 한 오차의 크기가 다른 오차의 크기에 영향을 받지 않는다. 즉, 한 오차가 다른 오차의 함수로서 존재하지 않는다.

패키지화된 통계 프로그램에서 데이터를 해석하는 방법은 선형 회귀분석의 경우 미니탭을 이용하는 경우와 SPSS를 이용하는 경우가 있다. 미니탭의 경우는 P값(p-value)을 해석하는 방법이 있고, SPSS에서는 r제곱(r^2)과 Durbin-Watson의 독립성 값을 해석하는 방법이 있다. 여기서는 SPSS 등의 프로그램 작용법을 설명하는 것이 아니기에 자세한 설명은 하지 않겠다.

구조방정식 모형?

구조방정식 모형은 변수의 증가 및 감소를 통하여 종속변수에 영향을 주는 여러 변수 간에 상호 인과관계를 찾고 그에 대해 설명할 수 있다.

구조방정식 모형(Structural equation modeling)은 측정의 오차를 고려하고 그 오차를 걸러낸 후 순수한 부분을 갖고 통계를 분석하는 것이다. 이론상으로 구조방정식 모형을 사용했다고 하면 측정의 오차를 모두 걸러냈기에 순수한 변수들의 관계를 확인할 수 있다.
또한 반대로 구조방정식 모형은 직접 측정할 수 없는 잠재 변수(Latent variable)를 분석에 포함할 수 있다는 것이다.
구조방정식 모형은 변수의 증가 및 감소를 통하여 종속변수에 영향을 주는 여러 변수 간에 상호 인과관계를 찾고 그에 대해 설명할 수 있다. 가장 큰 특징은 원자료가 아닌 공분산 자료만 있어도 분석이 가능하다는 점이다. 구조방정식 모형은 회귀분석, 요인분석 등이 혼합되어 발전된 통계 분석 방법으로, 구조방정식 모형의 틀을 사용하는 통계 프로그램은 AMOS가 현재 많이 사용되고 있다. 여기서 AMOS에 대한 사용 방법을 설명하지는 않는다.

중요한 것은 설문조사가 실시되고 난 후 작성된 보고서에 데이터를 분석한 방법이 명시 되어져야 한다는 점이다. 그런데 현실에서는 설문조사를 바탕으로 한 논문이 아닌 일반적인 조사보고서에는 이러한 분석 방법이 정확히 명시되고 있지 않다는 점이다. 앞에서도 언급하였지만, 특히 무응답 등 결측 데이터의 처리 방법이 명시되고 있지 않거나, 결측 데이터 수치가 제시되고 있지 않은 보고서는 잘못된 보고서이다.

히핑?

> 히핑(Heaping)은 소득이나 소비와 같이 참값의 분포가 연속적임에도 불구하고 설문 과정에서는 대략적인 값만을 응답하기 때문에 특정 구간에 응답 값이 집중되는 현상을 말하는데, 예를 들어 실제 측정한 실측값에 대한 확신이 없을 때, 어림수를 사용하는 빈도가 증가하는 현상이다.

히핑(Heaping)이란 소득이나 소비와 같이 참값의 분포가 연속적임에도 불구하고 설문 과정에서는 대략적인 값만을 응답하기 때문에 특정 구간에 응답 값이 집중되는 현상을 말한다. 예를 들어서 응답자가 자기 보고식 설문의 경우에 흡연량, 음주 횟수 등 범주형 변수의 빈도가 특정 응답 값의 배수에 집중되거나, 임금, 소득, 소비 등 연속형 변수에 대하여 관측된 분포가 특정 응답 값의 배수에 지나치게 크게 집중되는 현상을 말한다.[95]

예를 들어 기업대표자인 CEO 앞으로 주식매수 선택권을 보상으로 제공하는 데 있어서, 정확한 성과 측정과 이를 바탕으로 한 정량적인 평가를 기반으로 주식 숫자를 정하기보다는 1만 주의 10배, 20배 등 어림수 형태의 배수 비율로 적용한다는 것이다.

히핑 현상이 발생한 특정 값에 응답한 모두에 측정오차가 존재한다고

---

95) 박승환 (2022), 자기기입 조사자료에 대한 히핑현상 보정 방안 연구, 통계연구

보는 것보다는 정확하게 응답한 경우와 측정오차가 있는 응답 두 경우가 섞여 있는 혼합분포의 형태로 보아야 하며, 이는 근본적으로 편향을 발생시키고 분산을 증가시켜 오차를 유발한다.

히핑 데이터의 보정은 통계 패키지에 히핑된 자료의 값을 함수로 추정하고, 이를 대체하는 등의 방법으로 실시한다.

여기서 독자들은 특정 값의 구간 등 범주형 변수, 반올림된 응답 값 또는 특정 선호하는 자릿수에 참값과 다른 히핑 현상이 나타날 수 있고, 필요시 이를 보정하여야 한다는 점만 인지하도록 하자.

빅데이터 기반 빅 러닝 기법을 활용한 민감한 질문 대체?

다양한 설문조사의 원 데이터가 충분히 주어지고 이러한 부문에 대한 빅데이터 기반의 딥러닝 학습이 더 진행되면, 앞으로는 민감한 질문에 대한 설문조사 접근 방법도 달라지고, 관련한 무응답에 대한 데이터 처리 또한 달라질 것이다.

무응답의 원인으로 조사에 대한 부담감, 사생활 침해에 대한 염려, 연구 주제에 대한 무관심 등이 대표적으로 지목되는데, 민감한 주제 중 하나인 정치 성향을 묻는 질문을 다른 비정치적인 질문을 통하여 파악하는 방법의 연구가 있어서 소개한다.

비정치적인 설문의 빅데이터를 기반으로 개인의 정치 성향을 예측할 수 있는 딥러닝 기반의 프로세스를 사용하여 4개 지지 정당을 확인한 결과, 정답을 맞히는 정확성이 평균 51.09%로 나타났다는 연구[96] 결과가 있다.

여기서 중요한 것은 51.09%의 정확성이 아니라, 다른 영역의 일상적인 질문에 대한 응답만을 이용해서 민감한 문제에 대한 고객 성향을 예측할 가능성을 제시했다는 것이다.

다양한 설문조사의 원 데이터가 충분히 주어지고 이러한 부문에 대한 빅데이터 기반의 딥러닝 학습이 더욱더 진행된다면, 앞으로는 민감한

---

[96] 김은지, 윤예빈, 박성용 외 (2020), 비정치적인 질문으로 정치성향 예측하기: CNN 기반 설문 빅데이터 분석 기법, 한국컴퓨터종합학술대회

질문에 대한 설문조사 접근 방법도 달라지고, 관련한 무응답에 대한 데이터 처리 또한 달라질 것이다.

빅데이터 조사 결과와 실증 조사 결과?

> 점점 빅데이터를 통한 분석 방법이 발전하고 있고 정확성이 높아지고 있다. 설문조사에 있어서 빅데이터 분석은 설문 문항처럼 직접적으로 알고자 하는 점을 직접 설계할 수는 없지만, 간접적으로 추론의 정확성을 점점 더 높여가고 있다. 대표적으로 선거 여론조사 등은 이미 대체 수단으로 등장하고 있다.

마케팅 분야에서 소비자의 니즈를 파악하고 효과적인 마케팅 수단으로 활용하기 위하여, 만족도조사 등 설문조사를 많이 실시하고 있다. 그런데 설문조사의 비용 문제, 시간 소요 문제, 비표본오차 등의 문제를 고려할 때 다른 대안이 없는가에 대한 고민은 오래전부터 있었다. 최근에 빅데이터 분석을 통하여 이러한 설문조사를 대체하는 한 방법으로 소셜 서비스에 나타난 검색어, 반응 등의 빅데이터를 분석하여 결과를 얻을 수 있는지에 대한 연구[97]가 있어 소개한다.

특정 브랜드의 화장품 사용에 대한 만족도조사 및 긍정, 부정의 선호도, 인지도 등을 비교한 결과를 보면 설문조사와 빅데이터 분석 결과는 대략 일치하는 것으로 나타난다.

설문조사에 참여한 샘플 크기, 샘플 추출 방법 등이 자세하지 않고, 트위터와 블로그만으로 분석한 빅데이터 결과 또한 정확하다고는 볼 수 없으나, 중요한 것은 앞의 민감한 질문과 마찬가지로 점점 빅데이터를 통한 분석 방법이 발전하고 있고 정확성이 높아지고

---

97) 김도관, 신성윤 (2016), 빅데이터 분석결과와 실증조사 결과의 비교, 한국정보통신학회 논문지

있다는 점이다. 또한 빅데이터 분석은 이미 나타나 있는 소비자들의 반응 등 결과를 통해 분석 결과를 얻을 수 있기에, 설문 문항처럼 직접적으로 알고자 하는 점을 설계할 수는 없지만, 간접적으로 추론의 정확성을 더 높일 수 있는 여지가 있다는 점이다.

그렇지만 이 경우에도 데이터를 처리하는 데 있어서 어떤 변수를 어떻게 사용하고, 어떤 변수를 버렸는지가 설문조사의 비표본오차처럼 점점 더 중요한 요인으로 작용할 것이다.

설문 품질관리를 위한 보고서 작성 단계에서의 전문가 검토?

설문 종료 후 보고서 작성 단계에서 전문가의 검토 또한 반드시 필요하다. 각 설문 진행단계마다 무응답률, 중도 포기율 등을 자세히 검토하고, 단위 무응답이 특정 설문 문항하고 관계가 있는지 무응답에 대한 대체 방안은 적정히 이루어졌는지 신뢰도 검증은 적정히 이루어졌는지를 검토하여야 한다.

설문 품질관리를 위한 전문가 검토는 설문조사 전 진행단계에서 이루어져야 하지만, 특히 설문지 개발을 위한 설문지 사전 설계단계와 설문 종료 후 보고서 작성 단계에서 조사내용의 타당도 신뢰도 검증 단계에서 필요하다.

설문지 개발을 위한 설문지 사전 설계단계에서는 측정오차를 최소화하기 위한 설문지를 만들기 위하여 설문조사 방법론 전문가의 검토가 필요하다는 점은 앞에서 설명했다.
제일 좋은 것은 해당 주제의 전문 지식을 갖춘 전문가와 설문조사 방법론의 전문가가 함께 협업하여, 해당 주제 전문가가 연구 목적을 명확히 적시한 설문 임시 안을 마련하고, 이를 설문조사 방법론 전문가가 앞에서 살펴본 여러 설문 문항 설계의 고려사항과 오차 발생 요인 등을 종합적으로 검토하여, 설문 문항을 설계하는 것이 필요하다.

설문조사 방법론 전문가는 별다른 구체적 지침 없이, 관련 설문조사에 대한 표본집단의 특성, 설문 소요 시간, 자료 수집 방법 등 비교적 간단한 정보만으로도 자신의 전문 지식과 경험에 비추어 잠재적인 문제를 가진 문항을 찾아내고 개선안을 제시하게 된다.[98] 전문가 검토는 투입된 시간을 고려할 때 설문 문항의 문제를 발견해 내는 데 있어 가장 생산성이 높은 방법이며, 필자도 이 점을 정말 강조하고 싶다.

이 책의 기술 취지에도 언급하였지만, 웹 설문조사 플랫폼을 통한 설문조사가 손쉽게 이루어지다 보니, 기본적인 구성이 너무 잘못된 설문조사가 많다. 이에 따라 각종 오차 및 편차가 발생하며, 궁극적으로 잘못된 조사 결과보고서 작성 및 잘못된 정책 판단이 이루어진다.

설문조사 문항 설계단계에서 문항을 포함한 전체적인 설문 설계에 대하여 전문가의 검토를 받는다면, 귀중한 시간과 비용, 자원을 들여서 실시한 설문조사가 더 정확하고 실효성 있게 실시될 것인데 그러지 못한 점이 항상 볼 때마다 아쉽다. 필자가 현재 소속되어 있는 공공기관은 500명 이상을 대상으로 하는 설문조사의 경우에는 반드시 전문가의 사전 검토를 받도록 제도화시켜 놓았다. 전문가의 검토를 받는 것이 궁극적으로 시간과 비용을 포함한 자원을 효율적으로 활용하는 것이라는 점을 크게 강조하고 싶다.

---

98) 박현주, 이승희 (2017), 오차를 중심으로 본 세상을 바꾸는 과학적 설문조사 방법, 창지사

설문 종료 후 보고서 작성 단계에서 전문가 검토 또한 반드시 필요하다. 각 설문 진행단계마다 무응답률, 중도 포기율 등을 자세히 검토하고, 단위 무응답이 특정 설문 문항하고 관계가 있는지 무응답에 대한 대체 방안은 적정히 이루어졌는지 신뢰도 검증은 적정히 이루어졌는지를 검토하여야 한다. 또한 각 문항의 응답 샘플이 최소 표본 수를 충족하였는지, 통계학적으로 유의미한 결과의 값을 갖는지를 확인하여야 한다.

설문조사 보고서를 읽다 보면, 심지어는 데이터의 처리 방법, 분석 방법, 검증 방법 등에 대한 언급조차 없는 조사보고서를 많이 보게 된다. 설문조사의 신뢰성을 크게 저하하는 요인이 될 뿐만 아니라, 궁극적으로 해당 조사 결과를 토대로 한 정책 판단을 어렵게 하는 요인이 된다. 전문 지식 없이 최소 표본 수도 확인하지 않은 통계적으로 유의미하지 않은 데이터를 기준으로 작성된 보고서를 신뢰하여 정책적인 판단을 하였다면, 해당 정책은 큰 위험에 노출되게 된다. 따라서 설문 보고서 작성 단계에서의 전문가 검토는 반드시 필요하다. 여기에 들이는 시간 및 비용 또한 궁극적으로는 자원을 효율적으로 활용하는 것이다.

다시 한번 크게 강조하는 것은, 특히 정책적 판단을 위한 설문조사의 경우, 설문 설계단계 및 보고서 작성 단계에서 최소한 2번 이상의 설문조사 전문가의 검토가 반드시 필요하다는 점이다.

연구 데이터 활용?

> 연구 데이터의 공개를 통하여 해당 연구 결과의 성과를 설명하고, 연구 과정의 투명성을 검증할 수 있다는 인식 개선이 필요하다. 연구 데이터 공개는 연구 과정의 투명성을 확보하고 올바른 데이터 분석에 꼭 필요하다.

설문조사의 최종 결과보고서 외에 해당하는 조사의 연구 데이터 활용에 대하여 살펴보자.

정부의 연구비 지원을 받아 수행한 연구나 공공기관의 데이터는 연구자 개인 또는 해당 공공기관의 소유이기보다는 공공예산에 의하여 생산된 공공재라는 인식이 선행되어야 한다.

연구 데이터의 공개를 통하여 해당 연구 결과의 성과를 설명하고, 연구 과정의 투명성을 검증할 수 있다는 인식 개선이 필요하다.

많은 자원을 들여 실시한 설문조사가 무응답, 비응답을 포함한 자세한 연구 데이터의 공개 없이 보고서만 공개된다면, 추가적인 유사 조사 등을 통한 예산 낭비뿐만 아니라 관련 연구를 보다 발전시킬 기회를 상실하게 될 것이다.

연구 데이터 활용을 위하여 먼저 데이터를 관리할 때 출처, 목적, 시간, 장소, 생산자, 이용 조건 등에 대한 표준을 사전에 정하고, 보존기간, 공개범위, 개인정보보호에 관한 사항, 응답자에 대한 원시 로우데이터의 식별 가능성 등을 철저히 검토하여 사전에 공개 및 활용

절차를 제정하는 것이 중요하다.

수많은 설문조사 관련 연구 데이터의 공개 없이, 분석의 정확성 등이 검증되지 않은 상황에서 잘못된 분석과 해석이 이루어지는 사례가 꽤 있는바, 연구 데이터 공개는 연구 과정의 투명성을 확보하고 올바른 데이터 분석에 꼭 필요하다고 판단된다.

IV

인터넷을 이용한 설문조사의 논점들

Ⅳ. 인터넷을 이용한 설문조사의 논점들

인터넷을 이용한 설문조사?

> Google Survey 등 설문조사 폼을 이용한 조사가 일반화되어 있어, 인터넷 조사의 실시는 이미 설문조사의 대세로 자리 잡았다. 특히 최근 설문조사가 막대한 조사 비용, 조사 시 응답 거부율 증가, 불성실 응답 증가 등의 문제가 크게 대두되고 있는 상황에서 상대적으로 조사비용이 저렴하고 편리한 인터넷을 이용한 설문조사는 점점 많아질 수밖에 없는 상황이다.

　정보통신 기술의 발달에 따른 설문조사 등 사회조사의 발달은 기존 우편조사, 전화 조사, 면대면 면접조사 등에서 컴퓨터를 이용한 인터넷 조사, 웹 기반 조사로 발전되어 왔다.
인터넷 조사의 초창기에는 대면 면접조사 대비 인터넷 조사의 신뢰성 등에 의구심을 갖고 인터넷 조사 데이터의 신뢰성, 타당성에 관한 연구가 많이 이루어졌으나, 이미 인터넷을 통한 설문조사가 일반화되어 있고, Google Survey 등 설문조사 폼을 이용한 조사가 일반화되어 있는 지금은 인터넷 조사가 이미 설문조사의 대세로 자리 잡았다.

　특히 최근 설문조사가 막대한 조사 비용, 조사 시 응답 거부율 증가, 불성실 응답 증가 등의 문제가 크게 대두되고 있는 상황에서 상대적으로 조사비용이 저렴하고 편리한 인터넷을 이용한 설문조사는 점점 많아질 수밖에 없는 상황이다.

먼저 용어에 있어서 인터넷 조사, 온라인 조사, 웹 조사는 거의 같은 의미로 사용되고 있다. 특히 웹 조사(Web Survey)는 인터넷의 월드와이드웹(WWW: World Wide Web)을 통해 등록한 설문지를 응답자가 응답하는 광범위한 형태를 의미하기에 여기서는 용어를 웹 조사로 통일하여 사용한다.

한국리서치에 따르면[99] 2020년은 전 세계적으로 웹 조사 비중이 전체 설문조사 중 61%로 전화 조사 19%, 대면 면접조사 12%에 비하여 훨씬 높다. 우리나라도 웹 조사 비율이 43%로 가장 큰 비중을 차지하고 있다. 미국에서 2021년 상반기 중 진행된 선거 여론조사의 경우에 전체의 68%가 온라인을 통한 조사였다.

웹 조사의 장점을 다른 조사 방법과 비교하여 살펴보면, 데이터 정리를 포함한 전반적인 설문조사 비용이 저렴하고, 조사 시간이 단축되며, 지역적으로 넓게 분포된 표본에 접근이 편리하고, 민감한 연구 주제(마약 복용, 성적 취향 등)에 대한 접근이 상대적으로 용이하다는 점이다. 또한 대규모 대상자에게 접근 및 조사가 원활하며, 응답 데이터에 대한 자료 정리 및 코딩이 용이하고, 응답자에 대한

---

99) 오승호 (2021), 웹 기반 정치사회조사 시행 가능성 검토, 한국리서치 여론조사 세미나

피드백도 수월하다는 점 등을 들 수 있다.

반대로 웹 조사의 한계점을 살펴보면, 인터넷 환경에 따른 접속의 어려움 및 인터넷 숙달도 등 인터넷 약자에 대한 조사의 어려움, 응답자의 자발적 선택효과, 샘플의 타당성, 중복 응답, 낮은 응답률 등을 꼽을 수 있다.

인터넷 환경 및 인터넷 약자에 대한 조사 어려움은 응답자의 인터넷 환경이 조사에 적합한 인터넷 접속 환경, 관련 소프트웨어 등을 모두 갖추지 못하고 있거나, 인터넷 사용지식이 낮은 고령자, 저 학력자 등이 조사 대상에서 제외되거나, 조사에 응답하지 못하여 전체 데이터 분석에서 제외되는 결과를 초래할 수 있다. 현재 외교부 산하 준정부기관인 한국국제협력단(KOICA)의 경우, 해외 개발협력국의 수원기관 또는 주민을 대상으로 KOICA 사업에 대한 만족도 등을 조사하고 있는데, 조사 시 가장 어려운 점이 조사대상자의 열악한 인터넷 환경(접속 어려움, 조사 중 연결 끊김 등) 및 조사 대상 언어의 문제이다. 따라서 수많은 개발도상국 중에서도 인터넷 환경이 더 어려운 국가의 조사대상자 의견이 상대적으로 적은 수로 반영되는 결과를 초래한다.

응답자의 자발적 선택효과는 대부분의 웹 조사에서 조사대상자가 스스로 조사 사이트에 접속하여 자발적으로 응답하거나, 이메일 등으로 조사 안내를 받았을 경우도 적극적으로 이메일로 안내된 사이트에 접속하거나, 안내된 방법에 따라 조사에 응하는 등 응답자가 스스로 표본으로서 성실히 임무를 수행하는데 의존한다. 따라서 무작위 표본추출 방식으로 선정된 응답자와 응답 결과가 다를 수 있다. 특히 이메일 등으로 1차적으로는 무작위 표본추출로 조사 문항이 발송되었다고 하더라도, 이메일 조사의 낮은 응답률로 인하여 궁극적으로 다른 조사의 무작위 표본 추출과는 다르게 자발적 선택효과가 다른 결과로 나타난다는 점이다. 샘플의 타당성은 인터넷을 기반으로 한 설문조사의 상당수가 표본 추출된 응답자만 응답하는 것이 아니라, 응답자가 다른 그룹에 설문조사를 전달하여, 최초 설계되지 않은 다른 모집단 그룹으로부터 응답받을 가능성이 있다[100]는 뜻이다. 현실에서 SNS 등을 통하여 해당하는 설문에 응답해 달라는 요청을 다른 곳에서 받았을 경우, 도와준다는 의미에서 본인이 속한 다른 그룹에 전달한 경험이 있거나, 또는 동일한 설문지를 전혀 다른 그룹을 통해서 중복하여 요청받은 경험이 있는 독자가 있을 것이다. 이 경우는 조사 대상 모집단 및 그로부터 추출된 샘플의 진정한 데이터 분석 효과를 기대할 수 없다.

또한 웹을 기반으로 하는 설문조사의 경우에 동일한 응답자가 중복으로 응답하는 것을 방지하기가 어렵다. 이를 방지하기 위하여 응답자의 이메일 주소 등을 가지고 1차 검증할 때도, 개인이 복수의 이메일 주소를 사용하는 경우는 이를 막을 수 없다. 따라서 이 역시 표본오차를 유발할 수 있다.

낮은 응답률은 웹 조사의 큰 특징 중 하나이며, 기존의 많은 연구에

---

100) Goree C.T., Marszalek J.F. (1995), Electronic Surveys: Ethical Issues for Researchers, College student affairs journal.

서 전통적인 조사 방법 대비하여 인터넷을 활용한 설문조사에서 응답률이 더 낮게 나타난다.

    그런데도 대규모 조사, 조사 시간 단축, 조사 비용 저렴 등의 장점이 매우 크기에 인터넷 웹을 이용한 조사가 대세로 자리를 잡았으며, 이 책도 주로 웹 조사를 기반으로 실무적인 설명을 하고 있다.

전화 조사의 문제점?

RDD 방식에서는 여전히 지역번호를 기반으로 한 유선전화가 주요 조사 수단이고, 이 경우는 가정집으로 연결될 가능성이 매우 크다는 것이다. 따라서 상대적으로 고연령층 및 활발한 경제활동을 하고 있지 않은 계층이 응답할 가능성이 높다. 젊은 화이트칼라 계층일수록 휴대전화만 이용하는 경향이 높기에 유선전화로만 조사를 시행하는 경우, 인구사회학적으로 표본의 포함 오차 문제가 발생할 가능성이 크다.

실무에 있어서 전화 조사는 크게 두 가지 부문에서 이루어진다. 첫째 유형은 어떤 특정 행위 이후 그 행위에 관한 결과를 측정하기 위한 환류(feedback)의 방법으로 전화 조사를 시행한다. 대표적으로 "해피콜(Happy Call)"이라고 불리는 AS 처리에 대한 만족도 조사가 있고, 공공기관의 입찰 등 계약당사자에 대한 계약과정에서의 부정부패 사례 등을 확인하기 위한 청렴 조사 등이 있다.

이 경우는 조사 대상이 명확하다. AS 처리 시에 등록한 전화번호를 대상으로 하며, 청렴 조사도 계약 체결을 한 고객을 대상으로 시행하기에 표본추출에 대한 문제는 없다고 볼 수 있다.

둘째 유형은 공공기관의 국민인식도 조사 및 선거 여론조사 등 국민을 대상으로 한 전화 조사가 있다. 모집단은 통상 18세 이상 국민이고, 국가통계에 등록되어있는 행정안전부 주민등록통계 기준으로 성별, 연령별로 표본을 할당하여 전국을 인구 비례로 권역별 할당하여 조사한다.

간단히 설명하면 행정안전부의 주민등록통계의 인구를 기준으로 가중치를 정하여 지역별, 성별, 연령별로 목표 샘플 수를 할당하여 조사한다는 뜻이다.

이것을 전화 조사로 실시할 때 우선 지역별 구분을 위하여 지역번호를 통해 1차적으로 지역을 구분하고, 국번을 확률 표본 추출한 이후 4자리 전화번호는 무작위 추출하여 생성된 번호로 전화 조사를 시행한다. 앞에서 RDD(Random Digit Dialing)는 "시스템화된 전화기를 사용하여 단순무작위추출법에 따른 전화 걸기"라고 단어를 설명하였다.

RDD의 표집 요소는 지역번호를 포함한 전화번호이지, 사람이 아니라는 점도 설명하였다.

문제는 이렇게 전화 걸기를 시도할 경우, 지역번호를 전제로 하는 전화는 이동전화(휴대전화)가 아니고 유선전화(또는 유선전화에 기반을 둔)라는 뜻이고, 대부분 유선전화를 가진 가정에 연결이 된다. 물론 최근에는 각 이동통신사의 가입자 정보를 바탕으로 한 사용자의 지역별 거주지를 기준으로 이동전화를 통하여 선거 여론조사 등이 일부 행하여지는데, 이는 선거 여론조사에 한정된 특수한 경우이고, 뒤에서 별도로 설명한다.

주요한 것은 RDD 방식에서는 여전히 지역번호를 기반으로 한 유선전화가 주요 조사 수단이고, 이 경우는 가정집으로 연결될 가능성이 매우 크다는 것이다. 컴퓨터 시스템을 통한 자동 걸기를 할 경우, 통상 대표번호로 연결되는 기업체의 경우 다시 내부 전화번호를 입력해야 하는 ARS(Automatic Response System) 설비가 되어 있다. 이 경우에는 통상 전화 설문조사가 즉각적으로 이루어지지 않는다. 따라서 상대적으로 고연령층 및 활발한 경제활동을 하고 있지 않은 계층이 응답할 가능성이 높다.

실례로 이전 전화번호부에 등재된 유선전화 가입자를 표본추출틀로 실시한 선거 여론조사에서 실제와는 다르게 친여 성향이 더 크게 나타난 사례를 확인한 결과도 있으며, 젊은 화이트칼라 계층일수록 휴대전화만 이용하는 경향이 높기에 유선전화로만 조사를 시행하는 경우 인구 사회학적으로 편향될 수 있다.[101]

    이를 보완하기 위하여 지역번호를 사용한 유선전화에 이동전화까지 함께 사용하여 조사하는 경우는 이중 표집틀(Dual Frame)의 문제가 발생할 수 있다. 즉 유선전화와 이동전화를 동시 소유한 자가 2번 모두 표본으로 추출될 가능성이 존재하여, 역시 표본오차를 발생시킨다.

---

101) 김지윤, 강충구 (2014), 여론조사의 대표성: 표집과 조사방식에 관한 연구, 평화연구

인터넷을 이용한 설문조사의 신뢰성?

> 온라인과 오프라인 조사 간에 타당도와 신뢰도 측면에서 데이터 품질을 상호 비교 분석한 연구를 보면, 웹 조사는 오프라인 조사와 데이터 품질상 최소 대등한 수준이며, 평가 차원에 따라서는 종종 더 우수한 품질을 보인다. 예측타당도와 내적일관성 신뢰도 측면에서는 온라인을 통한 웹 조사가 오프라인 조사보다 우월하다.

웹 조사는 면접조사 등 오프라인 조사에 비하여 유용하고 신뢰 할만한 조사인가? 물론 앞에서도 언급한 것처럼 이미 웹 조사는 대세이고 가장 편리한 접근성으로 인하여 다시 오프라인 조사로 설문조사의 대세가 돌아가기는 어렵다. 하지만 "오프라인 조사에 비하여 온라인 웹 조사의 신뢰성은?"이라는 의문을 가질 수 있다.

이 문제에 관하여 많은 연구가 있는데, 대표적인 내용만 간략히 소개하도록 하겠다.

온라인과 오프라인 조사 간에 타당도와 신뢰도 측면에서 데이터 품질을 상호 비교, 분석한 연구[102]를 보면, 웹 조사는 오프라인 조사와 데이터 품질상 최소 대등한 수준이며, 평가 차원에 따라서는 종종 더 우수한 품질을 보이는 것으로 나타났다. 또한 예측타당도와 내적일관성 신뢰도 측면에서는 온라인을 통한 웹 조사가 오프라인 조사보다 우월하다. 개념 타당도와 동형검사신뢰도 측면에서도 조사간

---

102) 이지영, 김진교 (2005), 온라인 패널조사와 오프라인 대인면접 조사 간 데이터 품질 비교: 신뢰도와 타당도를 중심으로, 마케팅연구

차이가 없다는 점이다. 다만 이 연구를 위해 설문지에 대한 응답을 온라인과 오프라인으로 하게 하였는데, 온라인의 경우에는 온라인 전문 조사업체의 패널을 사용하였다는 한계점이 있다.

패널조사의 문제는 앞에서 반복적인 설문조사로 인하여 응답자가 설문 문항에 익숙해져 나타나는 불성실 응답의 문제가 발생할 수 있다고 다른 장에서 설명하였다. "불성실 응답"에 대한 설명을 참고하자.

또 웹 조사자료의 정확성을 데이터베이스 자료와 설문조사 자료의 비교를 통하여 검증한 연구 결과, 인터넷 설문조사가 전통적인 설문조사에 비해 자료의 정확성이 낮지 않다는 것과 인터넷 설문조사가 믿을만한 자료라는 연구도 있다.[103]

---

103) 류귀열, 문영수 (2013), 인터넷 설문조사의 검증에 관한 사례연구, 한국데이터정보과학회지

웹 조사의 장단점?

> 웹 조사의 대표적인 장점은 전화 조사 및 면접조사에 비하여 훨씬 저렴한 비용과 조사 전체에 걸리는 시간을 크게 절약할 수 있다는 점이다.
>
> 웹 조사의 대표적인 단점은 표본 대표성의 문제로 인한 표본오차의 문제, 자기 보고식 조사 형태에 따른 자기편향 효과, 낮은 응답률로 인한 비응답 오차, 무응답 오차의 처리 문제이다.

웹 조사의 장점은 매우 많다. 그러기에 결과론적으로 면접조사나 전화 조사를 상당 부분 대체하고 있으며, 이에 따라 웹 조사가 많이 증가한 것이다.

웹 조사의 대표적인 장점은 무엇일까?
앞에서도 언급하였지만 다시 한번 정리해 보자.
우선 전화 조사 및 면접조사에 비하여 훨씬 저렴한 비용을 들 수 있다. 또한 조사 전체에 실시되는 시간을 크게 절약할 수 있다. 조사 결과를 분석하기 위해 데이터를 정리하는 절차를 사전에 설문 설계 시부터 고려하여 코딩해놓고 조사 종료와 동시에 기초적인 결괏값을 확인할 수 있다. 또한 수시로 응답률을 확인할 수 있다.
전화 조사원이나 면접원의 태도, 스킬에 영향을 받는 비표본오차를 크게 줄일 수 있다. 대표적으로 전화 조사원이나 면접원이 있을 때 응답자가 사회적으로 바람직하게 여겨지는 이상적인 대답을 하려는 경향이 감소하여, 더 솔직한 대답을 끌어내는 효과가 있다.

전화 조사나 면접조사의 경우 정해진 시간에 조사를 끝내야 하나, 웹 조사는 응답자의 시간에 맞추어 충분한 시간을 갖고 응답을 할 수 있고, 연관된 질문 등이 있을 때 앞서서 본인이 한 답을 다시 확인하면서 응답을 할 수 있어 정확도를 높일 수 있다.

웹 조사의 대표적인 단점은 무엇일까?
크게 3가지로 볼 수 있다.
첫째는 표본 대표성의 문제로 인한 표본오차의 문제이다.
표본추출틀에서 추출한 확률표본추출 방법으로 목표 샘플을 계획하였다고 하여도, 근본적으로 비확률표본추출이나, 눈덩이 추출 등이 혼용되어 표본오차의 문제가 나타날 가능성이 크다. 또한 패널을 사용한 표본오차 가능성도 있다. 뒤에서 유형별로 설명한다.
둘째는 자기가 질문을 읽고 기재하는 자기 보고식(self-report) 조사의 형태이기에, 자발적으로 조사에 참여하여 조사 결과 또는 정책 결정에 영향을 주고자 하는 자기편향 효과가 크게 나타날 수 있다는 점이다.
셋째는 낮은 응답률로 인한 비응답 오차, 무응답 오차의 처리 방법에 따라 결과에 영향을 미칠 수 있다는 점이다.

웹 설문조사의 유형은?

웹을 통한 설문조사는 크게 3가지 유형으로 나눌 수 있다. 조사대상자에게 이메일 발송을 하는 방법, 홈페이지 등에 웹 서베이 설문조사 프로그램을 공지 또는 링크하는 방법, SNS나 SMS를 이용하여 설문조사가 링크된 안내문을 발송하고 설문조사를 실시하는 방법이다.

웹을 통한 설문조사는 크게 3가지 유형으로 구분하여 볼 수 있다.

첫째는 표본추출틀에서 추출한 조사대상자에게 이메일을 발송하고, 이메일을 수신한 응답자가 이메일에 첨부된 링크 등을 통하여 웹 설문조사 프로그램에 접속하여 응답하는 경우이다.
이 경우는 표본추출틀을 기반으로 한 확률표본추출 방법을 사용한다. 초기 이메일을 통한 조사는 이메일로 기존의 설문지를 변환한 텍스트 파일을 첨부하여, 응답자가 해당 파일의 설문 문항에 응답하고 이를 다시 이메일을 통하여 연구자에게 송부하는 방식이 주를 이루었으나, 요즘은 이런 방식은 사용하지 않는다.

둘째는 홈페이지 등에 html 형식을 기반으로 하는 웹 서베이 설문조사 프로그램을 공지 또는 링크해 놓고, 이메일이나 홈페이지 링크를 통하여 접속한 대상자들을 통해 설문조사에 응하도록 안내하고 시행하는 방법이다. 이메일의 경우에는 표본추출틀이 존재하나, 홈페이지 등에 접속한 모든 사람을 대상으로 시행하는 방식의 경우 비확률표본추출 방법이라고 할 수 있다.

셋째는 현재 가장 많이 발달해 있는 SNS(Social Network Service)나 SMS(Short Message Service)를 이용하여 설문조사가 링크된 안내문을 발송하고, 이를 통하여 설문조사를 실시하는 방법이다. 이는 앞에서 설명한 눈덩이표본추출(Snowball Sampling) 방법으로, 이미 응답을 한 응답자(표본)가 모집단의 다른 구성원들에게 연락하고, 특히 해당 설문조사가 특정 여론을 형성하려고 하는 경우, 해당 모집단에서 추구하는 특정 목적을 위해 해당 모집단 및 인근 유사 모집단에 영향을 미치는 비확률표본추출 방법이다. 특히 이 경우에는 최종적으로 응답한 표본이 어떤 특징을 가졌는지를 파악하기 어려워 표본의 대표성을 확보하기가 어렵다. 이는 앞에서도 설명한 바 있다.

이것만 보아서는 첫째 방법인 이메일을 사용하여 설문조사를 사용하는 것이 합리적인 것처럼 보이나, 여기에도 문제점이 있다. 이메일을 통한 조사는 응답률이 매우 낮다. 이메일을 열어 보는 빈도는 SNS나 SMS에 비하여 현저히 떨어진다. 또한 이메일을 열어 보았다고 하여도, 송부된 설문조사에 적극적으로 응답하는 경우는 해당 조사 주제에 평소 큰 관심이 있는 경우가 아니면 응답을 피하는 경향이 크다. 기본적으로 인터넷을 사용하여 이메일을 자주 확인하는 경우는 충분한 인터넷 환경을 갖추고 있고, 이에 대한 활용 능력을 전제하고 있기에 전 국민을 대상으로 하는 국민인식도조사나 여론조사 등에는 활용도가 낮다.
이메일을 통한 조사의 낮은 응답률을 보완하기 위하여, 응답자 패널(Panel)을 만들어 사용하는 것이 일반적이다. 정부 또는 공공기관의 각종 설문조사 실시 연구 과제를 수행하기 위한 리서치 또는 서베이 회사를 선정하는 평가 회의에 참여해 보면, 회사 소개자료에 전국적으로 20만 명 또는 30만 명의 패널을 확보하고 있다는 문구를 자주 본다.

패널을 활용한 조사는?

패널은 통상 대형 리서치 회사들이 공동으로 구축하여 공동으로 관리하고 있다. 패널의 장점은 설문조사의 기본 사항에 대하여 교육받았고, 최소한 중도에 포기하지 않고 끝까지 응답하여 응답률이 높다는 점이다.

미국에서 먼저 시작한 패널을 활용한 웹 조사방식은 현재 우리나라에서도 보편화되어 있다. 우리나라의 경우 패널은 통상 대형 리서치 회사들이 공동으로 구축하여 공동으로 관리하고 있다. 패널의 장점은 설문조사의 기본 사항에 대하여 교육받았고, 최소한 중도에 포기하지 않고 끝까지 응답하여 응답률이 높다는 점이다. 사실 패널은 설문조사에 응하는 대가로 어떤 형태이든 인센티브를 받는다.

그러나 패널의 문제점은 패널에 속한 응답자들이 조사에 응하는 횟수가 많아질수록 일반 모집단과는 다른 특성을 가진 집단이 되어 간다는 점이다. 본인이 평소에 관심을 두지 않았던 여러 주제에 대하여 설문조사를 통하여 반복적으로 응답을 하면서, 일부는 해당 주제에 대하여 일반인들에 비하여 높은 지식과 관심을 가질 수도 있고, 일부는 편향된 인식을 가질 수도 있으며, 이러한 경험이 축적될수록 해당 주제에 대한 설문조사를 많이 접하지 않은 일반인과는 다른 성향을 보이게 되어, 원래의 모집단을 제대로 대표하고 있는가에 의문이 생길 수 있다.

또한 패널 모집에 자발적으로 참여했기 때문에 표본 선정 자체의 편차(Selection bias) 또는 Sampling Error의 문제도 존재한다. 패널은 다른 조사방식의 샘플에 비하여 도시거주자, 고소득, 고학력, 저연령층이 실제 인구분포보다 더 높은 확률로 모집되었을 가능성이 높다.[104]

나아가 응답함에 있어서도 관심 주제에 대한 의견 표출보다는 인센티브를 목적으로 하는 패널의 경우, 앞에서 설명한 고민 없이 응답하는 "짧은 응답시간" "한 줄 응답 패턴(Long string)"등의 불성실 응답이 나타날 수 있다.

---

104) 김지윤, 강충구 (2014), 여론조사의 대표성: 표집과 조사방식에 대한 연구, 평화연구

설문조사 시 인센티브 제공?

> 설문조사에 적극적으로 응답하고, 불성실 응답을 방지하기 위하여, 응답자에게 정확한 응답을 제공할 동기가 필요하다. 현실적으로 금전적인 보상을 포함한 보상을 목적으로 한 참여 또한 중요한 동기 유발 요인으로 작용한다.

설문조사에 적극적으로 응답하고 불성실 응답을 방지하기 위하여, 응답자에게 정확한 응답을 제공할 동기가 필요하다.
동기는 우선 해당 설문조사의 응답이 궁극적으로 정책에 반영된다는 사회적 동기나 설문에 적극 참여함으로써 내가 목적한 바를 이룰 수 있다는 성취동기 등의 자극이 중요하다.
현실적으로 금전적인 보상을 포함한 보상을 목적으로 한 참여 또한 중요한 동기 유발 요인으로 작용한다.
최근의 일반적인 사례는 설문 참여 시 커피 쿠폰 등을 지급하는 사례를 많이 본다.
응답에 대한 광의의 인센티브 지급은 설문조사의 품질에 도움을 줄까?

우선 설문조사 후 지급되는 인센티브에만 초점을 맞춘 경우는 설문에 건성으로 답변했을 가능성이 높고, 이에 따라 성실한 응답을 끌어내지 못할 수 있다는 주장도 있다.[105]
반대로 금전적인 보상이 설문 응답의 질을 크게 떨어뜨리지 않는다는

---

[105] A.W.Meade, S.B.Craig (2012), Identifying careless responses in survey data., Psychological Methods.

연구 결과도 있다.[106]

그러나 근본적으로 설문조사의 응답률이 낮고 이에 따라 확률표본 추출이 어려운 경우, 인센티브 지급을 적극적으로 고려할 필요가 있다. 선거 참여 여부를 주제로 한 전화 여론조사에서 U$5의 인센티브를 제공한 집단의 응답률이 약 20% 이상 많다는 미국의 연구 결과도 있다.[107]

필자 스스로가 정확한 통계를 내보지는 않았지만, 인센티브를 지급하는 것이 이른 시간 안에 응답률을 제고시키는 것은 확실하다.

그러면 어느 정도 크기의 인센티브가 응답의 질을 낮추지 않으면서 표본 수집에 긍정적인 영향을 미칠까?

이에 관한 정확한 연구 결과는 없지만, 유추해서 약 4,000원의 보상이 응답의 질에 있어서 상당히 긍정적인 효과를 내고, 조사자의 평가를 낮추지 않으면서, 4,000원의 보상을 받는다고 인지하면 설문에 응할 확률이 높아진다[108]고 한다. 모바일 조사의 경우, 제공되는 커피 1잔 쿠폰의 대략적인 금액과 일치한다.

---

106) R.L.Medway, R.Tourangeau (2015), Response Quality in Telephone Surveys: Do Prepaid Cash Incentives Make a Difference?, Public opinion quarterly
107) R.L.Medway, R.Tourangeau (2015), Response Quality in Telephone Surveys: Do Prepaid Cash Incentives Make a Difference?, Public opinion quarterly
108) 박원호, 송병권, 하상응 (2020), 선거여론조사 신뢰성 제고를 위한 인센티브 제공 활성화 방안: 제21대 국선 선거여론조사 인센티브 제공이 응답률 및 조사품질에 미치는 영향을 중심으로, 한국정당학회보

현장 조사, 전화 조사, 웹 조사?

응답자가 평소 본인이 느끼던 생각보다 호의적으로 응답하는 것으로, 사회적으로 바람직한 방향에 응답하거나, 보다 긍정적으로 응답하는 경향을 면접원효과라고 하는데, 웹 조사와 오프라인 조사를 동일하게 실시하였을 때, 면접원효과가 다르게 작용한 결과가 나온다.

전화 조사는 설문지 길이가 제한되고, 낮은 응답률과 표본추출틀을 통한 확률 표집에 어려움이 있다. RDD 방식 전화 조사의 경우 약 15년 동안 전화 조사 응답률이 약1/4 수준으로 떨어졌다고 한다.[109] 이동전화의 보급과 유선전화 보급률의 하락, 특히 이동전화에 대부분 내장되어 있는 전화번호 식별서비스 도입 때문이다. 따라서 전화 조사만으로 표본추출틀을 통한 샘플을 수집하기가 쉽지 않다.

전화 조사와 웹 조사 2가지 조사방식은 크게 다음과 같은 차이가 있다. 첫째는 표본의 차이이다. 앞에서도 언급하였지만, 인터넷을 통한 웹 조사는 선정된 샘플이 상대적으로 저연령층, 고소득, 고학력층이 더 큰 비중을 차지할 가능성이 크다. 즉 자발적으로 조사에 참여하여 조사 결과 또는 정책 결정에 영향을 주고자 하는 자기편향 효과가 나타날 수 있다.

둘째는 일종의 "면접원효과"이다. 평소 본인이 느끼던 생각보다

---

109) A.Kohut, S.Keeter, C.Doherty et al. (2012), Assessing the representativeness of public surveys. Pew Research Center

호의적으로 응답하는 것으로, 사회적으로 바람직한 방향에 응답하거나 보다 긍정적으로 응답하는 경향을 말한다.

"면접원효과"는 현장 조사에서 실제 대면한 면접원뿐만 아니라 전화 조사의 경우 "전화 면접원"의 경우에도 동일하게 나타난다.

최근의 연구자료에 의하면, "면접원효과"는 2가지로 구분하여 살펴볼 수 있다. 면접원이 실사 과정에서 "한 줄 응답 패턴" 등을 제어하는 역할도 하지만, 반대로 면접원이 주어진 설문을 의도와 다르게 질문하거나 실제와 다른 잘못된 응답을 기록할 가능성도 제기된다. 나아가 면접원들이 조사를 빠르게 진행하기 위하여 문항을 축약하여 간략하게 설명하거나, 응답자의 응답을 재촉하여 응답자들이 합리적인 인지의 과정을 거치지 않게 되어, 응답오차를 키울 가능성도 있다.[110]

그러면 웹 조사와 오프라인 조사를 동일하게 시행하였을 때 어떤 결과가 나타날까?

아주 쉽게 말해서 웹 조사와 오프라인 조사 2가지 중에 어떤 조사가 점수가 더 잘 나올까?

일반적으로 설문조사를 분석하는 담당자들 사이에는 오프라인 조사가 웹 조사보다 점수가 더 잘 나온다는 일종의 상식이 있다. 위의 "면접원 효과"가 크게 작용하는 것이다.

여러 조사환경, 조사내용에 따라 결과가 크게 영향을 받을 것이기에

---

110) Robert M.Groves, Lars Lyberg (2010), Total Survey Error: Past, Present, and Future. Public opinion quarterly.

일반화시킬 수 없지만, 흥미로운 연구 결과가 있다. 오프라인 조사의 만족도가 온라인을 통한 웹 조사의 만족도에 비해 1.06배 높은 것으로 나타난다.[111]

이 연구 결과에 의하면 별도로 의견이 없는 샘플은 면접원효과로 인한 웹 조사와 오프라인 조사가 더 크게 나타나는데, 의견이 있는 샘플 간에는 이러한 차이가 작게 나타나는 것으로 보인다. 즉, 뚜렷한 관심을 두고 응답하는 경우는 웹 조사와 오프라인 조사 간에 큰 차이를 보이기 어려우나, 상대적으로 해당 조사에 큰 관심을 두고 응하지 않은 경우는 오프라인 조사가 웹 조사보다 훨씬 만족도 조사가 좋게 나온다는 것이다.

관련한 연구자료 등을 찾을 수 없어서 자세한 근거를 제시하기는 어려우나, 실무적으로 설문조사를 실시해 보면, 통상 현장 면접조사 → 전화 조사(상담원이 있는 경우) → 인터넷 조사 순으로 점수에 편차가 있다. 즉 면접원효과로 인하여 면접원이 있는 경우가 점수가 더 잘 나온다.

---

111) 김태경, 김민석, 김태린, 정진혁 (2016), 온라인과 오프라인 설문조사 결과 차이 규명과 보정에 관한 연구, 대한교통학회

유선전화 조사, 휴대전화 조사?

유선전화의 경우 비경제활동인구가 주를 이루는 노약자층과 주부의 접속률이 상대적으로 높아져 해당 샘플의 과대 표집 현상이 발생할 수 있다.
휴대전화의 경우 여론조사 등의 사전 안내를 받고, 오히려 적극적인 의사표시를 위하여 적극적으로 수신하고 조사에 응하는 경우가 발생하기에 이 또한 표본오차를 초래한다. 또한 사회적 압력에 따른 응답 편향도 각각 다르게 나타난다.

전화를 통한 조사도 유선전화 조사와 휴대전화(이동전화) 조사로 나누어 볼 수 있다. 휴대전화의 급격한 보급으로 1인 1대 이상의 이동 휴대전화가 보급되고, 휴대전화만 소유하고 유선전화를 사용하지 않는 가구가 크게 늘고 있다. 유선전화도 인터넷에 접속되어있는 070 번호를 사용하는 인터넷전화의 사용 비율도 크게 늘고 있다.
따라서 지역번호를 기반으로 한 전통의 유선전화를 통한 설문조사가 표본오차 등의 문제로 정확성이 낮아질 수 있다는 우려가 제기되고 있다.

현재 공공기관을 대상으로 한 국민인식도조사의 전화 조사 방법도 유선전화를 기준으로 하는데, 설문조사의 내용을 잘 모르는 사람들도 막연하게 집으로 전화를 연결하여 조사할 경우, 상대적으로 외부 활동력이 취약한 노약자나 주부에 응답자가 집중될 가능성이 크다고 이야기하고 있다.

참고로 현재 공직선거법 제108조의2(선거 여론조사를 위한 휴대전화 가상번호의 제공)에 의하면, "선거 여론조사 기관이 공표 또는 보도를 목적으로 전화를 이용하여 선거에 관한 여론조사를 실시하는 경우 휴대전화 가상번호를 사용할 수 있으며, 선거여론조사심의위원회를 경유하여 이동통신사업자에게 휴대전화 가상번호를 제공하여 줄 것을 요청할 수 있다"라고 되어 있어, 휴대전화를 통한 조사가 가능하게 되어 있다.

반대로 선거여론조사기관이 선거에 관한 여론조사를 실시하는 경우가 아니면, 이동통신사업자에게 휴대전화 번호를 제공받아 설문조사를 실시할 수는 없다.

독자들이 이 내용을 읽으면서 "어! 다른 조사도 많이 휴대전화로 받았는데?" 하는 의구심을 가졌다면, 그것은 어떤 형태로든 개인정보보호법에 따른 정보제공 동의를 해 준 상황에 해당한다.

여기서 개인정보보호법과 공직선거법의 내용을 논하고 있는 것이 아니기에, 관심을 다시 논제로 돌아가서 유선전화와 휴대전화로 설문조사를 실시할 때 어떤 차이가 있는지를 살펴보자.

첫째, 유선전화의 경우는 최종 표본추출단위인 개인을 직접 추출하는 것이 아니라, 유선전화를 사용 중인 가구를 먼저 추출하고 그 가구에서 다시 개인을 추출하게 된다. 따라서 가구 단위까지는 확률표본추출이 가능하지만, 개인 단위는 목적한 확률표본추출이 어렵다. 예를 들어 국가통계에 등록된 인구 센서스를 기준으로 지역별 표본을 할당하고, 그 안에서 목표 남녀성비, 연령별 할당을 하였다고 해도, 유선전화를 이용하면 지역은 구분할 수 있으나 1차적으로 가구원 중 전화를 받는 개인은 통제하기가 어렵다. 물론 전화가 연결된 이후 면접원이 응답자에게 성별, 연령별 상황을 물어서 기록하고 이에 따른 분류를 진행하지만, 최초의 목표한 표본추출 방법 및 표본크기를 제어하기가 쉽지 않다.

반면 휴대전화에서는 사용자의 정확한 특성을 반영한 표본추출이 가능하다.

둘째, 접속률 및 응답률의 문제이다. 관련 정확한 연구자료를 찾지 못하여 정확한 숫자로 제시하지 못하나, 전통적으로는 유선전화에 비하여 휴대전화가 접속률이 높고 응답률이 높은 것으로 평가되어 왔다. 사유는 조사대상자가 집에 있어 전화를 받을 수 있는 시간이 이른 아침 또는 늦은 저녁 등 한정적인데 비하여, 휴대전화는 언제라도 받을 수 있는 환경으로 평가되어왔다. 그러나 최근에는 휴대전화의 경우 사전에 여론조사 또는 광고, 홍보 등의 메시지가 수신 전에 정확히 표시되고 있기에, 설문조사를 실시하기 위한 전화의 접속률이 현저히 떨어지고 있다.

반면 유선전화의 경우 비경제활동인구가 주를 이루는 노약자층, 주부의 경우 접속률이 높아지고 있다. 노년층 등의 과대 표집 현상이 발생할 수 있다.

또한 휴대전화의 경우 여론조사 등의 사전 안내를 받고, 오히려 적극적인 의사표시를 위하여 적극적으로 수신하고 조사에 응하는 경우가 발생하기에 이 또한 표본오차를 초래한다.

참고로 선거 여론조사의 경우 유선전화와 휴대전화의 조사는 결과에 유의미한 차이를 보였는데, 유선전화를 사용하면 보수정당의 지지율이 높고, 휴대전화를 사용하면 진보정당의 지지율이 높게 나온다[112]고 한다. 예측할 수 있는 결과이다.

셋째, 휴대전화 조사는 전화번호를 무작위로 추출하여 조사 진행을 하는 방법 외에 패널을 이용하여 조사하는 방법이 많이 사용된다. 앞의 패널을 활용한 조사의 문제점을 참고하기를 바란다.

넷째, 선거 여론조사의 경우 이동통신사업자에게 휴대전화 가상번호를 받아 조사를 시행할 경우, 휴대전화를 사용한 RDD 방식의 조사는 유선전화의 RDD 방식과 마찬가지로 근본적으로 확률 표집을 기준으로 표본을 추출하고 계산하지만, 실상은 할당표집을 하므로 정확한 표본계산이 어렵고 표본오차를 내포할 수밖에 없다. 이는 궁극적으로 낮은 응답률에 기인한 것으로, 응답률을 높임으로써 확률 표집에 가까워지도록 할 수 있다.
선거 여론조사의 경우 기존 유선전화를 사용한 경우와 휴대전화를 사용한 경우의 차이는 뒤에서 다시 한번 살펴보도록 한다.

다섯째, 사회적 압력에 따른 응답 편향이다. 이것은 뒤의 면접원 효과와 유사하다. 사회적 바람직함에 대하여 긍정적으로 응답을 하게

---

112) 김지윤, 우정엽 (2012), 휴대전화를 이용한 정치 여론조사에 대한 연구, 한국정당학회보

되는 사회적 바람직함 편향이 나타나게 된다. 이것은 응답자가 응답하는 환경과 밀접한 관련이 있다. 유선전화의 경우 응답 장소가 대부분 자택 또는 소규모 사무실인 경우가 많다. 자택의 경우 응답자는 혼자 또는 친밀한 소수의 가족과 함께 있을 가능성이 매우 높다. 반면에 휴대전화의 경우 공간적 제약으로부터 자유롭고 타인과 현재 상호작용 중인 환경하에 전화를 받을 가능성이 높다. 즉 전화 조사가 진행되는 경우 응답하는 내가 아닌 같은 공간에 존재하는 제3자의 존재를 의식할 수밖에 없다. 이 경우에 한 공간에 있는 제3자로부터 사회적 바람직함에 대한 사회적 압력이 존재한다고 볼 수 있다.

연구 결과[113] 유선전화 표본보다 휴대전화 표본이 더 큰 사회적 압력에 노출된다고 한다. 일반적으로 휴대전화 표본이 다른 사람들과 함께 있는 경우가 더 많았고, 주변에 있는 사람의 수도 4배 이상 많았으며, 사적인 장소보다 공적인 장소에서 전화를 수신하는 경우가 많았다. 이 연구 결과에 의하면 정치 성향을 물을 때 유선전화 표본이 본인들이 보수적이라고 응답하고, 휴대전화 표본이 더 진보적이라고 답한다. 이것은 이미 앞에서 설명한 유선전화의 경우 비경제활동 인구가 주를 이루는 노약자층, 주부의 경우 접속률이 높아지고 있고, 노년층 등의 과대 표집 현상이 발생할 수 있다는 점과 일치한다. 조사 당시 이명박 정부에 대한 정부, 집권당에 대한 응답은 주변에 사람이 많거나 공공장소에 있을 때 보다 비판적인 의견이 제시되고 있는데,

---

[113] 장윤재, 김옥태, 조성겸 (2012), 사회적 압력에 따른 유선전화와 이동전화 조사의 응답차이: 매체 이용 및 정치적 태도에 관한 질문을 중심으로, 사회과학연구

상대적으로 주변에 사람이 많을 확률이 높은 휴대전화의 경우가 이에 해당한다.

이것은 당시 정부와 집권당이 잘하고 있느냐와 별개로 전화를 받는 당시의 자신 주위의 사회적 환경을 관찰하고 영향을 받는데, 스스로 고립을 회피하려는 경향 때문에 자신의 견해가 열세에 속하면 자신의 견해는 침묵하고, 사회적 바람직함의 편향을 과대 해석한 견해를 주로 표출하게 된다는 점이다.

따라서 유선전화에 비하여 휴대전화의 경우 사회적 바람직함의 편향이 더 크게 나타날 수 있다는 점을 고려해야 한다.

상담원을 이용한 전화 조사, ARS 전화 조사?

> ARS를 통한 설문조사는 상담원을 사용한 전화 조사보다 표본 대표성이 약하다고 볼 수 있으며, 표본오차를 더 크게 유발할 가능성이 있다. 따라서 ARS를 통한 전화 조사의 경우는 확률 표집 방법을 보다 정교히 하고, 데이터 분석 시 연령별, 성별 등 각 표본의 특성 분류가 올바로 이루어졌는지를 검증하여야 한다.

앞에서 전화 조사가 웹 조사보다 점수가 잘 나온다는 것은 상담원이 있는 경우이고, 면접원효과로 인하여 면접원이 있는 경우에 점수가 잘 나온다는 가정과 일치한다.

그러면 전화 조사 중에서 상담원을 이용한 전화 조사와 ARS(Automated Response System)를 이용한 전화 조사는 차이가 있는가? 결론적으로 말하면 유의미한 차이가 있다.

우선 표본 대표성의 문제에 따른 차이를 분석한 자료가 있다.

2017년부터 2020년까지의 세 번의 선거 결과를 분석한 연구 자료[114]에 따르면,

첫째, ARS 조사 비율이 높을수록 정당의 지지율은 높게 측정되고, 무당파의 비율은 낮게 측정된다. 이는 ARS 조사가 상대적으로 정치적 관심이 적은 20대보다 40대가, 여성보다는 남성이 더 많이 응답하기 때문이다. 즉 20대는 과소 표집, 40대는 과대 표집하고 있다.

---

114) 최종호, 김태균, 백다예 외 (2020), 조사방법 차이가 정치적 태도 조사결과에 미치는 영향: 중앙여심위 선거여론조사 통합자료분석, 한국정당학회보

둘째, ARS 조사는 정치적으로 관심이 큰 응답자들이 적극적으로 응답할 가능성이 높고, 따라서 중간층보다는 의견이 분명한 양극단의 응답이 과다 대표된다.

이러한 문제로 미국 CNN은 ARS 또는 음성자동응답(IVR, Interactive Voice Response) 방식의 선거 여론조사는 발표하고 있지 않다.

상담원이 있는 전화 조사와 상담원이 없는 ARS 조사의 경우는 어떤가?
2014년 동시 지방선거 및 광역단체장 선거에 대한 전화 조사의 예측오차 또는 편향에 대하여 150개 사전 전화 여론조사를 분석한 연구[115] 결과에 따르면, ARS 조사와 비교하면 전화 면접조사가 더 정확한 조사 결과를 산출해 준다고 한다.
일반적으로 면접원이 있는 경우에 사회적 바람직함의 편향으로 편차가 발생하는 현상은 선거 여론조사처럼 지지 후보나 지지 정당의 조사를 하는 경우 상담원이 없이 자기 의사 및 태도를 표현할 수 있는 ARS가 더 정확할 것 같다는 선입견이 틀렸다는 점이 반증 된다.
위의 표본 대표성 문제가 크게 작용하고 양극단 응답으로 극단 응답 값이 과다 대표되기 때문이다. 이 연구에서도 할당표본 크기가 정확한 여론조사의 중요한 환경이라는 점을 명시하고 있는데, 선거 여론

---

115) 김영원, 황다솜 (2014), 2014년 지방선거 여론조사 전화조사방법에 따른 예측오차 및 편향, 조사연구

조사에서는 표본 대표성의 문제가 오차 발생의 가장 큰 요인이다.

　이러한 결과를 살펴보면 ARS를 통한 설문조사는 상담원을 사용한 전화 조사보다 표본 대표성이 약하다고 볼 수 있으며, 표본오차를 더 크게 유발할 가능성이 있다. 따라서 ARS를 통한 전화 조사의 경우는 확률 표집 방법을 보다 정교히 하고, 데이터 분석 시 연령별, 성별 등 각 표본의 특성 분류가 올바로 이루어졌는지를 검증하여야 한다.

면접원효과?

면접원효과는 민감한 주제 및 민감한 질문에 대하여 특히 크게 나타난다. 민감한 주제 및 민감한 질문의 설문조사는 먼저 응답률이 낮아지고, 면접원이 있는 경우 위의 사회적으로 바람직한 편향 또는 사회적 기대에 응답하려는 경향이 나타난다.

"면접원효과"는 앞에서 "평소 본인이 느끼던 생각보다 호의적으로 응답하는 것으로, 사회적으로 바람직한 방향에 응답하거나, 보다 긍정적으로 응답하는 경향"이라고 설명하였다.

응답자의 사회적으로 바람직한 편향을 활성화해서 측정 오차를 더 크게 발생시키는 것은 사회적으로 바람직한 태도나 행동은 더 크게 과대 응답(overreport)하게 하고, 반대로 사회적으로 바람직하지 못한 특정 행동이나 태도에 대해서는 과소 응답(underreport)하게 한다.

면접원효과는 민감한 주제 및 민감한 질문에 대하여 특히 크게 나타나는데, 민감한 주제 및 민감한 질문의 설문조사는 먼저 응답률이 낮아지고, 면접원이 있는 경우 위의 사회적으로 바람직한 편향 또는 사회적 기대(social desirability)에 응답하려는 경향이 나타난다.[116]

민감한 질문의 주제라고 하면 대표적으로 불법 약물(마약류 포함)의 사용, 음주, 흡연 습관, 성적 관계(sexual behavior), 인종 차별적 태도 등을 생각할 수 있다.

---

116) R.Tourangeau, T.Yan (2007), Sensitive questions in surveys. Psychological bulletin

그러면 이러한 민감한 주제의 경우에 실질적으로 면접원효과가 나타나는가? 그리고 나타난다면 어떤 조사 방법에서 더 크게 나타나는가?

우선 웹 조사의 경우에는 대부분이 자기가 질문을 기록하는 자기보고식(self-report) 조사의 형태이기에, 면접원효과가 안 나타난다고 볼 수 있다. 즉 사회적으로 바람직하지 않은 행동에 대하여도 솔직하게 응답하는 것으로 나타난다.
당연하지만 면접원효과에 중요한 것은 면접원이 응답자가 답을 하는 것을 인지한다고 느낄 때 한정된 것이며, 면접원이 질문은 하지만 답은 별도의 응답지에 적어서 제출한다거나 단말기에 별도로 입력하게 하는 경우 등 면접원이 응답 내용을 알지 못하는 상황에서는 면접원효과가 나타나지 않는다.

그러면 면접원효과가 없는 웹 설문조사를 제외하고, 전화 조사와 대면조사 중 어느 것이 면접원효과가 더 크게 나타날까?
관련 연구자료를 찾아볼 수는 없지만, 만족도 조사의 경우에는 상담원이 있는 전화 조사보다도 대면 면접조사가 더 좋은 점수를 보여준다고 앞에서 설명하였다.

그러면 사회적으로 바람직한 또는 바람직하지 않은 행동을 조사할 때도 같은 결과가 나타날까?

이 경우는 조금 다른 연구 결과가[117] 있다.

기존 연구에 따르면 상담원이 있는 전화 조사와 면접조사의 경우, 일부는 전화 조사가 일부는 면접조사가 민감한 정보를 더욱 효과적으로 응답 받을 수 있다고 주장하여, 연구 결과마다 조금씩 다른 결과를 보여준다. 그러나 전화 조사와 면접조사의 일률적이지 않은 결과는 조사 시마다 같지 않은 외부 환경에 존재하는 제3자의 존재 효과 때문이라는 가설을 존재로 한 연구도 있다.

예를 들어서 독립된 공간 안에서 면접원과 일대일로 질문 응답을 하는 경우와 상담원이 전화할 경우, 전화에 응답하는 응답자는 일대일 상황이 아닌 주변에 제3자가 존재하는 상황에서 전화를 받을 가능성이 있으며, 이 경우에 더욱더 사회적 바람직함에 대한 편향이 나타날 수 있다는 전제이다.

확실한 것은 민감한 주제 및 질문의 경우에 응답자가 느끼는 개인의 사적 정보 보호, 응답 내용의 비밀보장 수준에 따라 사회적으로 바람직한 방향으로 응답하는 응답 왜곡의 편차가 커지는바, 설문조사 설계 시 연구 주제와 관련하여 반드시 고려하여야 할 중요 사항이다.

---

[117] 송인덕, 조성겸 (2010), 서베이 모드와 사회적 바람직함 편향: 민감한 주제에 대한 전화 면접, 대면 면접, 온라인 서베이 응답 비교, 조사연구

면접조사 방식 중 지면을 통한 설문조사와 태블릿 사용 설문조사?

> 면접조사 방식이라는 점에서 면접조사원의 특성이 영향을 미칠 가능성을 배제하여 같은 조사원의 경우에는, 태블릿을 사용한 TAPI와 같은 새로운 설문조사 도구가 전통의 종이 방식의 PAPI 방식과 결과 차이가 없는 것으로 나타났다.

전화 조사와 면접조사 간의 차이를 앞에서 알아보았는데, 면접원이 있는 면접조사 방식 중 지면(종이)을 활용한 조사(PAPI, Paper Assisted Personal Interview)와 태블릿을 활용한 조사(TAPI, Tablet PC Assisted Personal Interview) 간 차이가 있을까?

둘 다 면접원이 어떤 형태로든지 존재하고, 단순히 기술을 하는 데 있어서 지면과 태블릿이라는 기록 방법이 틀린 경우에도 결과에 유의미한 차이가 있는가?

여기서 차이가 존재한다면 그것은 응답자가 질문을 읽는 가시성, 즉 그래픽이라던가 하는 별개의 요소가 작용하였다고 볼 수 있는데, 이러한 부분이 면접원의 존재라는 큰 영향 외 추가적인 영향을 미칠 수 있는가?

관련 연구 결과, 면접조사 방식이라는 점에서 면접조사원의 특성이 영향을 미칠 가능성을 배제한, 즉 같은 조사원의 경우 TAPI와 같은 새로운 설문조사 도구가 전통의 PAPI 방식과 차이가 없다[118]고 하며,

---

118) 탁현우, 고길곤, 정다원 (2019), 설문조사 도구에 따른 비표본오차에 관한 연구; TAPI와 PAPI조사방식의 비교를 중심으로, 행정논총

따라서 비용 측면에서 유리한 다른 사용 도구로의 확장도 충분히 사용 권장될 수 있다고 한다.

응답 내용의 비밀보장 수준?

> 사회적으로 바람직한 방향으로 응답하는 것은 궁극적으로 응답자가 느끼는 응답 내용의 비밀보장 수준과 밀접한 관련이 있다. 응답 내용의 비밀이 완전히 보장된다면 자신의 이미지를 관리하는 응답을 할 필요가 없어지고, 자기의 의사를 더 정확하게 밝혀 응답 왜곡이 발생할 가능성이 작아진다.

개인의 사적 정보 보호와 응답 내용의 비밀 수준은 실제로 인터넷 조사에서 어떤 영향을 미치는가?

면접원효과의 사회적으로 바람직한 방향으로 응답하는 것은 궁극적으로 응답자가 느끼는 응답 내용의 비밀보장 수준과 밀접한 관련이 있다. 응답 내용의 비밀이 완전히 보장된다면 자신의 이미지를 관리하는 응답을 할 필요가 없어지고, 자기의 의사를 더 정확하게 밝혀 응답 왜곡이 발생할 가능성이 작아진다.

창원대학교에서 신입생들에게 대학 진학 동기를 묻는 설문조사를 2009년까지는 무기명 지면(Paper) 설문 방식으로 진행하였고, 2010년에는 인터넷으로 조사를 진행하면서, 사전에 학번과 주민등록번호 뒷자리로 로그인하도록 한 후 진행한 결과[119]를 한번 보자.
이 조사에서 신입생의 대학 진학 동기를 보면, 2009년은 1위 장래

---

[119] 허순영, 장덕준 (2011), 인터넷 설문조사에서 익명성 훼손이 응답에 미치는 효과, 한국데이터정보과학회지

직업 준비(67.27%), 2위 학력 중시 사회 분위기(11.47%), 3위 학문, 진리 탐구(6.39%), 4위 주위 권유(6.02%) 순이나, 2010년은 1위 장래 직업 준비(49.3%), 2위 학문, 진리 탐구(26.4%), 3위 주위 권유(8.3%), 4위 학력 중시 사회 분위기(5%)로 나타난다.

    학번과 주민등록번호 뒷자리로 사전에 로그인하도록 하여, 익명성이 보장되지 않는다고 느낀 조사에서 사회적으로 바람직한 방향으로 응답하고자 하는 응답자들의 성향이 반영된 결과로 볼 수 있다.
반면 같은 조사에서 학교가 추구해야 할 대표적인 이미지 방향 등 사회적으로 바람직함에 영향을 받지 않는 조사항목의 경우에는 조사 결과가 크게 다르지 않은 것으로 나타난다.
이 조사에서 영향을 받은 조사 문항들은 사회적으로 바람직한 방향으로 응답하려는 경향, 조사자 또는 조사기관의 기대에 부응하는 응답을 하려는 경향, 본인들의 처지를 강조하려는 것들이었고, 단순한 견해나 사실을 확인하는 질문은 조사 방법에 크게 영향을 받지 않는 것으로 나타난다.
익명성이 보장되지 않는 조사는 그 응답을 왜곡시킬 수 있다는 점을 간과해서는 안 된다.

웹 조사에서의 응답자의 프라이버시 보호?

> 조사의 실행과정에서 수집된 전자우편주소 정보 등으로 연결된 개인의 응답 내용이 원래 조사 목적 이외에 사용된다면 심각한 프라이버시 침해를 초래할 수 있다. 사전에 개인정보 활용 동의의 문제나 해당하는 설문조사가 발송된 취지 등에 대한 사전 고지나 게시 등 절차적 정당성 확보를 위한 문제가 고려되어야 한다.

앞의 사례처럼 설문조사 이전에 학번, 주민등록번호 등으로 로그인하도록 한 경우 외에도 웹 조사는 전자 우편조사나 회원 정보 등과 같이 응답자의 신원확인이 가능한 정보들이 함께 기록되기에 응답자의 프라이버시 보호가 문제가 될 수 있다.

일반적으로 웹 조사에서 면접원이 존재하지 않음으로 응답자들의 익명성이 더 크게 확보될 것으로 인식되어 면접원효과 등이 나타나지만, 실제로는 응답자들과 응답 내용이 쉽게 연결될 수 있는 구조로 응답 내용에 대한 비밀보호가 매우 중요하다. 조사의 실행과정에서 수집된 전자우편주소 정보 등으로 연결된 개인의 응답 내용이 원래 조사 목적 이외에 사용된다면 심각한 프라이버시 침해를 초래할 수 있다. 또한 조사내용 외에 설문조사를 실시하기 위하여 수집된 표본추출틀, 즉 고객 리스트가 마케팅 등 다른 용도로 사용될 수 있다. 만약 광고나 피싱(Phishing) 이메일 등에 사용된다면, 또 다른 문제를 발생시킨다.

응답자가 조사 대상 기구의 홈페이지 등에 스스로 접속하여 설문조사에 응하는 방식이 아니고, 응답자의 전자우편을 활용하여 조사하는 경우 전자우편주소 확보 과정도 정당성을 확보하여야 한다. 우편의 발송 행위 자체는 수신자의 동의 없이 이루어진다는 점을 고려하면, 사전에 개인정보 활용 동의의 문제나 해당하는 설문조사가 발송된 취지 등에 대한 사전 고지나 게시 등 절차적 정당성 확보를 위한 문제도 고려되어야 한다.

설문조사의 취지나 목적을 설명하는 외에 표본추출틀인 조사 대상 리스트가 어떻게 작성되고, 추출되었는지 그 절차를 설명해 주는 것이 절차적 정당성 확보와 더불어 응답률을 높이는 방법이 된다.

웹 조사에서 사용자 인터페이스?

웹 방식의 설문조사는 기존의 텍스트 방식과 달리 이미지나 그림, 오디오와 함께 내용을 전달할 수 있어서 더 효과적으로 흥미를 유발하고, 내용을 보다 정확히 전달할 수 있다.
반드시 고려하여야 할 사항은 사용자 인터페이스 및 사용자의 인터넷 환경이다. 만약 사용자가 충분한 접속 환경을 갖추지 못한 경우에는 GUI 방식의 설문지는 로딩 시간 동안 설문에 적극 참여할 의사에 변화가 생기거나, 중도 이탈할 가능성이 발생한다.

웹 조사의 경우에는 대부분이 자기가 질문을 읽고 답을 기재하는 자기 보고식(self-report) 조사의 형태이기에, 응답자에게 해당 문항을 답하도록 설득하거나 해당 문항의 뜻을 설명해 줄 수 있는 면접원이 없다. 따라서 질문을 구성할 때 응답자가 흥미를 갖고 쉽게 이해하며, 포기하지 않고 응답하도록 하는 것이 매우 중요하다.

일반적으로 텍스트로 구성된 설문지보다 웹 문서로 작성된 GUI(Graphic User Interface) 방식의 질문지가 사용자에게 편리한 응답 환경을 제공할 수 있다.[120]
웹 방식의 설문조사는 기존의 텍스트 방식과 달리 이미지나 그림, 오디오와 함께 내용을 전달할 수 있어서 더 효과적으로 흥미를 유발하고, 내용을 보다 정확히 전달할 수 있다.
그러나 이 경우에 반드시 고려하여야 할 사항이 사용자 인터페이스

---

120) D.Nesbary (1999), Survey research and the world wide web. Allyn&Bacon Inc.

및 사용자의 인터넷 환경이다. 만약 사용자가 충분한 접속 환경을 갖추지 못한 경우에는 GUI 방식의 설문지는 로딩(Loading) 시간 동안 설문에 적극 참여할 의사에 변화가 생기거나, 중도 이탈할 가능성이 발생한다.

특히 해외에 있는 사용자를 대상으로 설문조사를 실시할 경우는 사용자의 인터넷 환경이 매우 중요한데, 사용자의 접속 환경의 인터넷 정책으로 설문조사의 발송 메일 또는 사이트가 스팸 메일 처리되거나, 정책적으로 차단되는 경우도 발생한다.
따라서 인터넷을 통한 설문조사 중 이메일 발송을 통한 설문조사의 경우에는 발송 메일 주소가 스팸 메일 처리될 경우를 대비하여, 사전에 발송 메일 주소를 각각 다른 도메인 주소로 3~4개 확보하는 것이 필요하다.
이메일 발송 후 전달되지 않은 메일(Failed to deliver mail)의 경우에는 1차적으로는 수신인의 메일 주소의 정확성 여부를 검증하여야 하나, 2차적으로는 해당 도메인 주소의 스팸 처리 가능성을 염두에 두고 사전에 준비된 다른 도메인 주소를 사용하여 재 발송을 하는 것이 효과적이다.

앞에서 무응답 데이터의 처리 방법에 대하여 살펴보았다.
이메일 설문조사의 경우 설문조사 이메일이 도착하였음을 인지하고도 의도적으로 이메일을 열람하지 않아 무응답(단위 무응답)을 초래하는 경우와 달리, 설문조사 이메일이 응답자에게 도달하지 않아 발생하는 비응답은 구분하여 관리될 필요성이 있다. 비응답 또한 최초 표본 설계 시 목표로 했던 표본을 확보하는 것에 어려움을 주고 이에 따른 응답오차를 유발하기 때문이다.

의도적인 무응답과 도달하지 않은 비응답을 구분하고, 이메일 발송을 사용한 웹 조사는 특히 응답률이 낮기에 비응답자에 대한 별도 분석은 꼭 필요하다. 비응답자에 대한 정보가 부족하면 최초 표본추출틀에서 비응답한 리스트가 조사 결과에 어떤 영향을 미치는지를 분석할 수 없다. 또한 정기적으로 실시되는 설문조사의 경우에는 다음 조사 시 응답률 제고를 위한 대안을 찾기도 어렵다.

따라서 IP(Internet Protocol) 주소, 웹 브라우저 등의 특성을 수집하고 이를 분석하여 비응답자의 분석에 별도 활용하는 것이 필요하다.

만약 독자 중 설문조사를 전문 리서치회사에 의뢰하여 실시하는 담당자인 경우는 해당 리서치회사에 설문조사 결과분석 보고서를 요구할 경우, 반드시 비응답자의 특성에 대한 정보통신 상의 분석 정보와 더불어 별도의 리포트를 제공받는 것을 요구함이 적정하다는 사실을 꼭 기억하고 요청하자.

이메일을 통한 조사의 경우 발송 성공률, 오픈율, 클릭률?

스티비의 자료에 의하면, 월요일에 발송한 이메일의 오픈율이 15.9%로 가장 높고, 이어서 수요일 15.2%, 금요일 14.2%, 목요일 12.3%, 화요일 11.7% 순이다.

이메일을 통하여 설문조사가 링크된 응답 요청 메일을 발송하여 조사를 시행할 때는 이메일 오픈율과 클릭률이라는 개념을 이해하여야 한다.

먼저 이메일을 발송하면 발송대상자 모두에게 이메일이 도달하는 것이 아니고, 발송이 실패하는 것도 많다. 예를 들어 표본추출틀에 있는 리스트의 이메일 주소가 틀린 경우와 어떤 정책에 의하여 발송 이메일이 스팸 처리되거나 차단된 경우를 대표적으로 생각할 수 있다.

이메일 발송 성공률은, 발송 성공 수/전체 메일 발송수x100으로 표시할 수 있다.

또 이메일 발송이 성공하였다고 하여도 조사대상자가 받은 편지함에 있는 조사 요청 이메일을 열어 보아야 한다. 오픈율이란 발송 성공한 이메일 중 오픈된 메일 수로, 오픈된 메일 수/발송 성공 수x100,

클릭률은 이메일 본문에 포함된 링크를 최종 클릭한 경우로, 클릭한 메일 수/발송 성공 수x100으로 볼 수 있다.

이메일 뉴스 레터 제작과 발송을 전문으로 하는 한 회사가 자신들의 이메일 발송 데이터를 갖고 조사한 자료[121]에 의하면, 회사나 단체는 평균 오픈율이 12.9%, 클릭률은 2.1%이며, 개인은 평균 오픈율이 21.8%, 평균 클릭률이 5.4%라고 한다.

이메일 본문에 안내된 링크를 클릭하여 설문조사가 등재된 웹에 가서도 실제로는 설문에 참여하지 않거나, 참여하여서도 설문을 끝까지 완료하지 않고 중도 포기하거나, 단위 무응답 하는 사례가 많기에, 이메일을 통한 설문조사 완료가 얼마나 낮은 응답률을 보이는지 짐작할 수 있다.

스티비의 자료에 의하면, 월요일에 발송한 이메일의 오픈율이 15.9%로 가장 높고, 이어서 수요일 15.2%, 금요일 14.2%, 목요일 12.3%, 화요일 11.7% 순이다.
클릭률 또한 월요일이 가장 높아서 2.9%이고, 수요일 2.5%, 금요일 2.4%, 목요일 1.9%, 화요일 1.7%로 나타난다.
발송 빈도에 따른 오픈율을 보면, 주 3회 이상 발송한 건이 오픈율 21.9%, 클릭률 3.9%로 가장 높으나, 주 2회 이상 또는 월 2회 이상 보낸 경우가 주 1회 또는 월 1회 보낸 경우보다 오히려 오픈율과 클릭률이 낮은 것으로 나오는바, 이메일을 통한 설문조사를 계획할 때 다음과 같이 1차 설계를 고려해 볼 수 있겠다.
설문조사 첫 주에는 최초 1회차 조사 대상 이메일이 월요일 아침

---

121) 스티비 2021 이메일 마케팅 리포트

도착하도록 발송하고, 이후 미응답자를 대상으로 첫 주에만 3회까지 발송을 하고, 그 이후는 주 1회만 발송을 하는 것으로 계획해 보면 어떨까?

전통적 조사 및 대안적 조사, 확률표본조사 및 비확률표본조사?

> 시간과 비용이라는 두 가지 절대적 요소로 인하여, 시간이 갈수록 면접조사나 유선전화 조사와 같은 전통적 조사 방법에서 웹 조사 설문조사는 확대되고 있다. 따라서 현재 비확률표본추출 방법이 맞느냐 틀리느냐가 아닌, 비확률표본추출방법을 대세로 인정할 수밖에 없는 상황을 인지하고, 비확률표본추출방법을 통하여 확률표본추출방법과 가장 같은 분석이 가능한 방법을 모색하여야 한다.

앞에서 현장 면접조사, 전화 조사, 웹 조사를 각각 설명했는데, 전통적 조사라는 표현을 갑자기 사용하니 생소하다.

확률표본조사와 비확률표본조사의 개념과 웹 조사 중 비확률표본조사 위주인 SNS나 SMS를 사용한 설문조사의 비중 확대를 설명하려고 하니, 편의상 분류를 위하여 전통적 조사와 대안적 조사라는 용어를 사용하였다.

모집단이 갖는 특성을 추정하기 위하여 가장 표본오차가 적은 방법은 전수 조사이고, 표본 수가 많을수록 표본오차가 감소한다는 점은 익히 이해하였다. 표본조사를 실시하는 가장 큰 이유는 전수조사가 가지고 있는 비용과 시간의 문제점을 최대한 해결하기 위한 것, 즉 시간과 비용을 절약하기 위함이다.

전통적 조사라고 할 수 있는 면접조사, 현장 조사는 물론 이동전화를 포함한 전화 조사조차도 현재 등장하고 있는 웹 조사의 편리성을 따라가지 못하며, 웹 조사 안에서도 이메일 발송을 통한 조사가 SNS나 SMS를 사용한 방식보다 훨씬 비용과 시간이 많이 든다.

전통적 조사에 대비한 개념을 대안적 조사라고 표현한 것은 특히 현재 가장 많이 사용되고 있는 홈페이지 등에 설문조사 프로그램을 공지 또는 링크해 놓는 방법이나, SNS(Social Network Service)나 SMS(Short Message Service)를 이용하여 설문조사가 링크된 안내문을 발송하고, 이를 통하여 설문조사를 실시하는 방법이 비확률표본추출 방법을 기초로 하기 때문이다.

앞에서도 살펴보았지만, 웹 조사가 가지고 있는 자기 선정 문제, 표본의 대표성 문제는 기본적으로 "확률 표집 없는 통계적 추론은 불가능한 것이거나 혹은 비확률표집 방법은 통계적 추론에 적절하지 않은 것"이라는 견해 하에, 확률 표집 이론의 관점에서 보면 비확률 표본에는 표본의 대표성을 부여하기도 어렵고, 추출확률분포가 없으므로, 이에 근거한 추정값이나 표준오차 등도 계산할 수가 없다는 것이다.[122]

이를 표로 정리해 보자.

---

122) 김규성 (2017), 표본조사에서 비확률표집 방법론 고찰, 조사연구

		구분	시간	비용	표본추출
전통적 방법 ⋮ ↓ 대안적 방법	면접 조사	현장 조사	고	고	비확률표본추출
		포커스그룹인터뷰(FGI)	고	고	확률표본추출
	전화 조사	유선전화	중고	중고	확률표본추출
		이동전화	중	중고	비확률표본추출
	웹 조사	이메일 조사	중	중	확률표본추출
		홈페이지 링크 등재	저	저	비확률표본추출
		SNS(Social network service), SMS(Short message service)	저	저	비확률표본추출

즉 시간과 비용이라는 두 가지 절대적 요소로 인하여, 시간이 갈수록 면접조사나 유선전화 조사와 같은 전통적 조사 방법에서 웹 조사로, 그중에서도 이메일 조사에서 설문조사 프로그램이 존재하는 링크 주소를 안내하거나 게재한 조사방식으로 설문조사는 확대되고 있다.

따라서 현재 비확률표본추출 방법이 맞느냐 틀리느냐가 아닌, 비확률표본추출방법을 대세로 인정할 수밖에 없는 상황을 인지하고, 비확률표본추출방법을 통하여 확률표본추출방법과 가장 같은 분석이 가능한 방법을 모색하여야 하는 것이다.

앞에서 설명한 비확률표본추출조사의 확대 방안을 다시 읽어 보자.

V

선거 여론조사의 논점들

V. 선거 여론조사의 논점들

개방형 프라이머리 제도?

한국의 경우 2002년부터 주요 정당이 대통령 후보를 선출하는 과정에서 "국민참여경선제"를 도입하였고, 궁극적으로 개방형 프라이머리와 같은 운영 방식을 채택함으로써 실제 정당 정치에 영향을 미치고 있다. 선거 여론조사가 후보자의 선출과 선거에 미치는 영향력은 더욱 증대되어 왔다.

원래 프라이머리(Primary)란 미국 선거에서 예비선거를 말하는 것으로, 국민의 참여 범위에 따라서 개방형 프라이머리(Open Primary)와 폐쇄형 프라이머리(Closed Primary)로 나눈다.
개방형은 정당에 가입 여부와 상관없이 참여할 수 있는 제도이고, 폐쇄형은 당에 가입하거나 최소한 해당 정당에 대한 지지를 밝혔을 때 참여할 수 있는 제도이다.

한국의 경우 2002년부터 주요 정당이 대통령 후보를 선출하는 과정에서 "국민참여경선제"를 도입하였고, 궁극적으로 개방형 프라이머리와 같은 운영 방식을 채택함으로써 실제 정당 정치에 영향을 미치고 있다. 정당이 후보 선출권을 일반 유권자들에게 개방하면, 일반 유권자들이 정당 후보에 참여할 유인은 높아지지만 기존 정당 구성원들은 상대적으로 참가 유인이 낮아지고, 일시적 당원 양산,

전략적 역선택 등의 부작용이 나타날 가능성이 있어, 운영에 따라서는 참여의 질이 낮아질 수 있다.

2002년 이후 개방형 프라이머리의 형태로 선거인단이 운영되면서 선거 여론조사가 후보자의 선출과 선거에 미치는 영향력은 더욱 증대되어왔다.

승자편승 효과와 약자 효과?

> 선거 여론조사 결과는 크게 세 가지의 다른 방향으로 영향을 미친다고 가정할 수 있는데, 첫째는 여론조사 결과 앞서고 있는 후보에 대한 지지도가 증가하는 경향이 나타나는 승자편승 효과(Bandwagon effect), 둘째는 여론조사 결과 뒤지고 있는 후보에 대한 지지도가 증가하는 약자 효과(Underdog effect), 셋째는 선거 여론조사 결과 보도가 유권자의 후보자 지지도에 아무런 영향을 미치지 못한다는 주장이다.

선거 여론조사와 일반적인 설문조사를 동일선상에서 비교하기는 어렵다.

한국에서는 대통령 선거, 국회의원 선거, 지방자치단체 선거 등 선거 때마다 많은 여론조사가 이루어진다.

특히 경선 과정에서 여론조사 결과가 반영되기에 그 중요성과 비중은 점점 더 커지고 있으며, 현재는 선거 여론조사는 단순히 투표 의향을 파악하는 도구가 아니라 현실정치에 직접적인 영향을 미치는 전략과 정책이 되었다.

즉 선거 여론조사는 객관적으로 존재하는 여론의 반영을 넘어서 여론 형성에 영향을 미치고 있다.

선거 여론조사도 기본적으로 설문조사의 기본 형태를 갖추고 있는데, 일반 설문조사에서는 없는 개념인 승자편승 효과(Bandwagon effect)와 약자 효과(Underdog effect, 열세자 효과라고도 한다)에 대하여 간략히 설명한다.

선거 여론조사가 유권자의 투표에 실제로 영향을 미치는가에 대한 논란은 지속적으로 있었고, 이런 사유로 우리나라의 경우는 선거일 6일 전부터 투표 마감 시각까지 정당 지지도나 당선인을 예상하게 하는 여론조사 결과를 공표, 보도할 수 없게 되어 있다(공직선거법 108조, 여론조사의 결과공표 금지 등).

선거 여론조사 결과는 크게 세 가지의 다른 방향으로 영향을 미친다고 가정할 수 있는데, 첫째는 여론조사 결과 앞서고 있는 후보에 대한 지지도가 증가하는 경향이 나타나는 승자편승 효과(Bandwagon effect), 둘째는 여론조사 결과 뒤지고 있는 후보에 대한 지지도가 증가하는 약자 효과(Underdog effect), 셋째는 선거 여론조사 결과 보도가 유권자의 후보자 지지도에 아무런 영향을 미치지 못한다는 주장이다.
선거 여론조사 결과가 자신에게는 별 영향을 미치지 않는다고 생각하고, 제3자에게는 크게 영향력을 미친다고 생각하여 자신에 대한 영향력은 낮게 평가하고, 제3자의 영향력은 높게 평가하는 인지적 편향이 높게 나타난다는 것이다.[123] 특히 메시지에 대한 부정적 평가(social undesirability)가 제3자 지각을 강화하는 요인으로 작용한다.[124]

---

123) Richard M. Perloff (2008), Mass media, social perception, and the third-person effect. Media Effects. Media effects.
124) 정일권, 김영석 (2009), 온라인 여론조사에 대한 수용자의 평가와 영향력에 관한 연구, 한국방송학보

결과적으로 각각 다른 방향의 주장인 승자편승 효과(Bandwagon effect)와 약자 효과(Underdog effect)는 어떤 것이 더욱 강력하게 나타나서, 실질적인 영향을 더 크게 미칠까?

아쉽게도 여론조사 보도로 인한 실제 영향력을 정확히 측정하여 발표한 연구 결과는 없다.

정확성을 검증하기 위하여 실제 영향력을 측정하여 지각된 영향력과 비교하여야 하는데, 실제 영향력을 측정하기가 매우 어렵기 때문에 미디어 영향력 지각의 정확성은 검증이 사실상 어렵다고 한다.[125]

사실 선거 여론조사에서 더 중요한 것은 왜, 언제, 어떻게 여론조사를 진행하느냐의 문제로, 여론조사 과정 자체는 투명하게 진행되어도, 반대로 치밀하게 계산된 여론조사 시기와 그 결과 보도가 실제 "여론"을 만들어낼 수도 있다.

독자들은 승자편승 효과(Bandwagon effect)와 약자 효과(Underdog effect)라는 개념만 기억하자.

---

125) 문정현, 정성은 (2018), 선거 여론조사 결과 보도의 실제 영향과 지각된 영향의 차이, 한국언론학보

여론조사의 미디어 메시지와 제3자 효과?

> 여론조사의 미디어를 통한 메시지 효과는 제3자가 받는 메시지의 실제 효과보다 제3자에 대한 메시지의 지각된 효과가 더 크고, 설득적 메시지에 노출된 사람은 해당 메시지가 자신보다 다른 제3자에게 더 큰 효과가 있을 것으로 기대한다. 즉 자신에 대한 미디어 효과는 실제보다 과소평가하고 있다.

여론조사의 미디어를 통한 메시지 효과는 제3자가 받는 메시지의 실제 효과보다 제3자에 대한 메시지의 지각된 효과가 더 크고, 설득적 메시지에 노출된 사람은 해당 메시지가 자신보다 다른 제3자에게 더 큰 효과가 있을 것으로 기대한다[126]고 한다.

그러면 여론조사 결과가 미디어를 통하여 공표되었을 때, 예를 들어서 특정 정당의 지지도 등이나 특정 사회적 이슈의 여론조사 결과가 공표되었을 때, 내용을 접한 응답자들은 어떠한 태도 변화가 나타날까?

첫째, 응답자의 기존 태도와 미디어를 통해 노출된 다수 의견이 일치하지 않을 경우, 응답자가 지각하는 자신의 태도 변화 정도는 응답자의 실제 태도 변화 정도보다 낮게 나타났다. 즉 자신에 대한 미디어 효과는 실제보다 과소평가하고 있다.

---

126) W.Phillips Davison (1983), The third-person effect in communication. Public Opinion Quarterly

응답자의 기존 태도와 다수 의견이 일치할 경우, 응답자가 지각한 자신의 태도 변화 정도는 응답자의 실제 태도 변화 정도와 다르지 않았다.

둘째, 응답자의 기존 태도와 다수 의견이 일치하지 않을 경우, 응답자가 지각한 제3자의 태도 변화 정도는 제3자의 실제 태도 변화 정도보다 높게 나타났다. 즉 제3자에 대한 미디어 효과는 실제보다 과대평가하고 있다.
응답자의 기존 태도와 다수 의견이 일치할 경우, 응답자 자신의 경우와 마찬가지로 응답자가 지각한 제3자의 태도 변화 정도는 다르지 않았다.

셋째, 응답자의 기존 태도와 다수 의견이 일치하지 않을 경우, 응답자가 지각한 자신의 태도 변화 정도보다 응답자가 지각한 제3자의 태도 변화 정도가 더 높게 나타난다고 인식하는 제3자 지각 현상이 발견된다. 그러나 응답자의 기존 태도와 다수 의견이 일치할 경우, 응답자가 지각한 자신의 태도 변화 정도와 응답자가 지각한 제3자의 태도 변화 정도 간 유의미한 차이가 없는 것으로 나타나 제3자 지각 현상이 발견되지 않았다.[127]
이는 여론조사 결과를 접한 사람들이 자신에게 미치는 영향에 대해서는 실제보다 그 효과를 축소해서 판단하고, 타인이 받는 영향에 대해서는 실제 효과보다 그 효과를 과장해서 판단하는 경향이 있다는

---

127) 허유진, 정성은 (2016), 미디어 메시지 효과 지각의 정확성 검증: 여론조사결과 보도로 인한 실제 태도변화와 지각된 태도 변화의 비교, 한국언론학회

것이다.

여기서 가장 중요한 것은 과소평가냐 과대평가냐를 떠나서 미디어를 통한 여론조사 결과 보도가 개인의 판단 여부와는 달리 태도 변화에 실제 효과가 있는 것으로 나타나기에, 여론조사 결과가 단지 객관적 지표로서 기능만 하는 것이 아니라, 사람들의 태도나 의견을 바꾸는 역할을 할 수 있다는 점이다.

즉 여론조사를 포함한 넓은 의미의 설문조사 결과가 사람들의 태도나 의견을 바꾸는 역할을 하고, 이에 따라 마케팅이나 선거 등에 전략적으로 활용될 수 있으므로 더 정확하고 오차 없는 분석이 중요하다는 것이다.

  이러한 여론조사 효과는 이른바 정치 분야의 가짜뉴스에서도 확인할 수 있다.

정치 가짜뉴스의 수용과 확산 의도를 파악하기 위하여 편향된 정보처리와 제3자 지각효과를 적용한 연구 결과[128]를 보자.

연구에 따르면 뉴스의 내용이 기존 자신의 신념과 일치할수록, 자신의 정치이념과 부합할수록 뉴스를 받아들인다는 것이다. 정치 뉴스를 받아들일 때 편향적 정보처리가 강하게 작용한다.

또한 정치 가짜뉴스에 대한 영향력 지각은 자신보다 타인이 더 많이 영향을 받을 것으로 생각하며, 이 과정에서 자신이 보유하고 있는 주관적 지식의 정도가 제3자와의 지각격차를 결정하는 주요 변인이라는 것이다.

---

128) 박연진, 김관규 (2022), 정치 가짜뉴스의 수용 및 확산에 관한 연구: 편향적 정보처리와 3자 지각을 중심으로, 사회과학연구

미네르바 효과, 브래들리 효과, 침묵의 나선 효과, 숨은 표 효과?

미네르바 효과는 의사 표현의 자유가 위축되었다고 느낄 시 유권자들이 침묵하는 현상이다.
브래들리 효과란 유권자들이 자신의 이념이나 속마음을 숨기기 위해 여론조사에서 거짓 응답을 하는 것이다.
침묵의 나선 효과는 자신의 견해가 다수로부터 지지받고 앞으로도 우세하다고 판단하는 경우는 공개적으로 의사 표명을 하지만 소수 의견으로 여겨지거나 향후 지지를 잃을 것으로 판단하면 자신의 진짜 생각과 태도를 드러내지 않고 침묵을 한다는 것이다.
숨은 표 효과는 우리나라에서는 대체로 권력을 견제하는 야당 성향에서 나온다는 것으로, 집권 세력에 대한 악재가 많은 상황에서 야당의 표의 결집이 선거 당일 나타난다는 것이다.

선거 여론조사 관련하여 가끔 언론상에 쓰이는 용어 중 미네르바 효과, 브래들리 효과, 침묵의 나선 효과, 숨은 표 효과가 있다.
뉴스를 더욱 쉽게 이해하는 차원에서 간략히 개념을 설명한다.

미네르바 효과는 자신의 의사표시를 마음대로 할 수 없는 사회적 분위기 때문에 유권자들이 여론조사에서 응답을 피한다는 것으로, 의사 표현의 자유가 위축되었다고 느낄 시 유권자들이 침묵하는 현상이다.
미네르바의 부엉이(Owl of Minerva)라는 로마신화에 나오는 말에서 유래한 것으로, 그 부엉이는 원래 레스보스 섬의 뉘티메네였는데,

근친 통정의 부끄러움으로 사람들이 활동하는 낮에는 웅크리고 있다가 밤이 되어서야 활동한다는 데서 유래한 것으로, 헤겔(Friedrich Hegel)의 법철학 서문에 "미네르바의 부엉이는 황혼이 저물어야 그 날개를 편다"라는 유명한 철학 경구가 있다.

브래들리 효과란 유권자들이 자신의 이념이나 속마음을 숨기기 위해 여론조사에서 거짓 응답을 하는 것이다. 1982년 미국 캘리포니아 주지사 선거에서 여론조사와 출구조사에서 앞섰던 토머스 브래들리(Thomas Bradley)가 최종 개표 결과 백인 후보에게 패배한 데서 유래한다. 원인은 백인 일부가 인종 편견에 대한 시각을 감추기 위해 여론조사에서는 흑인 후보를 지지한다고 거짓 의사 표명을 했기 때문이다.

침묵의 나선 효과(Spiral of Silence)[129]는 개인의 사회적 중요한 이슈에 대하여 의사를 표시할 때, 자신의 태도가 사회적으로 다수로부터 지지받고 앞으로도 우세하다고 판단하는 경우는 공개적으로 의사 표명을 하지만 반대로 소수의견으로 여겨지거나 향후 지지를 잃을 것으로 판단하면 자신의 진짜 생각과 태도를 드러내지 않고 침묵한다는 것이다. 다수의 의견으로 지각된 견해일수록 활발히 개인의 의견표명 활동이 이루어지고 점차 세를 확보하여 더 큰 사회적 목소리로 커지지만, 반대로 소수의 의견으로 여겨질수록 점차 힘을

---

129) E. Noelle-Neumann (1993), The Spiral of Silence: Public opinion-Our social skin, University of Chicago Press

잃게 되는 모습이 나선의 모양과 같다는 것이다. 특히 매스미디어의 강력한 영향력을 설명할 때 많이 인용되며, 특정 이슈가 지지받기 시작하면 일회성이 아닌 누적성으로 시간이 지날수록 점점 더 강력한 효과를 만들어내는 것을 뜻한다.

숨은 표 효과는 위에서 설명한 두 가지 브래들리 효과와 침묵의 나선 효과를 아우르는 것으로, 특히 우리나라에서는 대체로 권력을 견제하는 야당 성향에서 나온다는 것이 정설이며, 집권 세력에 대한 책임론이 있는 이슈가 제기되었을 때 책임론이 시간이 지날수록 커지는 침묵의 나선 효과가 기존 집권 세력의 지지층에도 파급될 수 있다고 본다.
반대로 겉으로는 인종 편견에 대한 시각을 감춘 브래들리 효과처럼 보수층의 목소리가 숨은 표로 작용할 수도 있다.

미네르바 효과, 브래들리 효과, 침묵의 나선 효과, 숨은 표 효과는 유권자들의 심리나 태도 때문에 여론조사 결과가 틀릴 수 있다는 것인데, 이러한 것들이 궁극적으로 사전 여론조사와 실제 선거 결과에 오차를 유발하는 가장 큰 요인이고, 설문조사를 공부하는 우리는 이러한 오차 유발 요인을 조절하는 방법이 무엇인가를 보다 정교하게 고민하여야 한다.

이마골로기?

> 이마골로기는 "이미지에 의해 지배당하는 세상"을 의미한다. 여론조사는 이마골로기 권력의 완벽한 도구로서, 이 권력이 대중과 조화를 이루면서 살 수 있도록 하는 것은 여론조사 때문이라는 것이다.

혹시 이마골로기(Imagology)라는 말을 들어본 적이 있는가? "참을 수 없는 존재의 가벼움"이라는 책을 쓴 소설가 밀란 쿤데라(Milan Kundera)의 1990년 소설 "불멸(Immortality)"에서 사용한 이미지(Image)와 이데올로기(Ideology)의 합성어이다.

작가에 의하면 이마골로기는 "이미지에 의해 지배당하는 세상"을 의미한다.

인간은 불멸하고 싶은데, 실제는 잘못된 이미지에 의해 존재한다는 것이다. 작가의 설명을 그대로 기술하면, 예를 들어 파리에서 같은 층에 사는 이웃은 낮에는 사무실에 동료와 마주 앉아 시간을 보낸 뒤, 집에 돌아와서는 세상 돌아가는 일을 알기 위하여 텔레비전을 켠다. 텔레비전에서 아나운서가 최근 여론조사를 설명하면서 대다수 프랑스인이 프랑스를 유럽에서 가장 안전한 나라라고 생각한다는 사실을 알려주면, 그는 기뻐하며 샴페인 병을 딴다. 그러나 그날 그가 사는 골목에서 강도 사건 3건과 살인 사건 2건이 발생한 사실은 그는 알지 못한다.

이처럼 여론조사는 이마골로기 권력의 완벽한 도구로서, 이 권력이 대중과 조화를 이루면서 살 수 있도록 하는 것은 여론조사 때문이라는 것이다.

여론조사는 계속 질문 공세를 퍼붓는다. 경제가 어떨지? 인종차별주의는 현상이 어떤지? 역사상 가장 위대한 작가는? 등등, 그리고 발표되는 조사 결과가 곧 진실이 되어 버린다는 것이다.
즉 현대인은 논리적인 체계로 생각하고 행동하지 않고, 감성적인 이미지에 지배받고 살아가고 있다는 점이다.

여론조사를 통한 선거 후보자, 지지 정당 등의 이미지 형성에 대한 영향뿐 아니라, 최근 숏 폼(Shortform) 콘텐츠가 차지하는 비중의 확대도 이마골로기로 해석할 수 있다. 10분 이하로 주로 구성된 유튜브, 인스타그램은 물론 흔히 접하는 공공부문의 카드 뉴스도 같은 맥락이다.

숏폼 전성시대

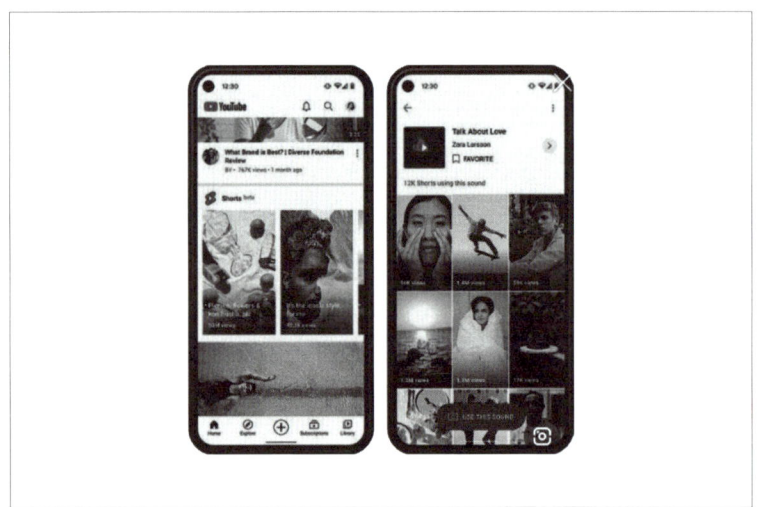

선거 여론조사의 오차 원인?

우리나라 선거 여론조사는 대부분 전화 조사이다. 표본추출틀을 활용하여 할당 표본추출 방식으로 RDD 방식을 사용한다고 하더라도, 기본적으로 유선전화와 이동전화의 사용 비중이 오차를 유발하고, 전화 조사가 갖는 응답률 등의 오차가 존재한다.
제일 중요한 것은 실제 투표율 예측이 어렵다는 점으로, 지지 후보나 지지 정당에 대한 의사를 표현한 응답자가 실제 투표에 참여할지는 또 다른 변수이다.

우리나라에서 선거시 당선 예측 조사는 크게 2가지로 볼 수 있다. 사전 여론조사와 출구조사.

그간 언론에 보도된 사실을 상기해 보면, "선거 여론조사, 비대해진 영향력, 불신의 최고조", "같은 문항 가지고도 들쭉날쭉, 여론조사 괜찮나?", "여론조사 예측, 사실상 불가" 등 사전 선거 여론조사는 정확성과 신뢰성 등에 부정적인 단어가 많으나, 출구조사는 "출구조사 적중" "출구조사는 왜 정확했나?" "지상파 출구조사 어떻게 족집게 예측했을까?" 등 그 결과에 상당히 긍정적이다.
왜 이러한 결과가 나올까? 사전 여론조사와 출구조사는 어떤 차이가 있을까?
답은 샘플에 있다.

우리나라 선거 여론조사는 대부분 전화 조사이다. 전화 조사의 경우 유선전화와 휴대전화의 조사방식에 따른 결과 차이 및 조사 편차가 존재한다는 것은 이미 학습하였다.
또한 앞에서 설명한 숨은 표 효과 등도 오차를 발생시킨다.
선거 여론조사의 오차는 궁극적으로 여론조사를 통한 선거 예측의 오차를 유발한다. 선거 예측의 오차는 어느 부분에서 집중적으로 발생하는가?

첫째, 표본추출틀을 활용하여 할당 표본추출 방식으로 RDD 방식을 사용한다고 하더라도, 기본적으로 유선전화와 이동전화의 사용 비중이 오차를 유발한다.
유선전화와 이동전화의 이중 표집틀을 사용한다고 하더라도 합리적인 유선, 이동전화의 조사 비중을 설정하기 어렵다.

둘째, 전화로 사전 여론조사에 응한 응답자가 실제 투표에는 참여하지 않는 설문조사의 비응답 사례를 체계적으로 확인하기 어렵다. 과거의 데이터를 갖고 회귀분석 등을 통하여 추정할 수 있겠으나, 선거 당시의 대두된 이슈 내용, 이슈 정도에 따라 비응답의 크기가 달라질 수 있다.

셋째, 전화 조사의 응답률이 지역에 따라 편차가 있고, 응답률의 차이에 따른 편향성을 분석하기 어려운 점이 영향을 미친다. 전화 조사 응답률의 차이는 "비응답자" 즉 "조사 거절자"의 성향을 파악하기 어렵기에 조사 전체의 품질에 영향을 미친다.

넷째, 응답을 유보하거나, 응답하지 않은 유동층이라고 불리는 지지 후보 미결정층이 오차를 유발한다. 그러나 유동층은 수차에 걸쳐 여론조사를 반복하면 선거일이 가까울수록 줄어들며, 줄어드는 경향을 파악하여 대체할 수 있다.

다섯째, 제일 중요한 실제 투표율 예측이 어렵다는 점이다. 지지 후보나 지지 정당에 대한 조사보다도 투표 참여 의지를 조사하고 투표율을 예측하기가 더 어렵다고 한다.[130] 따라서 투표의 참여 예측을 연령별, 특성별로 분석하기가 매우 어렵고, 특히 선거가 임박해서 속칭 "바람"이 불어 특정 계층이 투표에 대거 참여하는 양상을 보일 경우는 오차가 더욱 확대된다.
이것이 핵심이다. 지역별 층화에 따른 확률표본추출의 동일한 방식을 사용하더라도, 출구조사는 이미 투표를 끝낸 유권자를 대상으로 하는 것으로 출구조사 대상 전원이 샘플에 포함된다. 그러나 사전 여론조사의 경우, 실제 여론조사에 참여한 사람이 최종 투표에 참여하여 샘플에 포함될지가 불투명하다. 포함 오차가 크게 작용한다.

마지막으로 223만 명에 달하는 재외국민의 투표 향방이다. 재외국민을 대상으로는 선거 여론조사가 국내처럼 체계적으로 진행되지 못하기에, 선거 여론조사의 오차를 확대하는 요인으로 작용한다.

---

130) 이준웅 (2011), 선거 여론조사의 점검과 성찰: 판세분석 여론조사를 중심으로, 한국언론학회

선거 여론조사의 휴대전화 조사?

> 공직선거법의 선거 여론조사를 위한 휴대전화 가상번호의 제공 조항에 따라, 2020년 제21대 국회의원 선거부터 조사기관은 통신사로부터 휴대전화 가상번호를 제공받을 수 있으며, 가상번호와 함께 지역, 성별, 연령대 정보를 함께 제공받는다. 따라서 휴대전화를 활용한 선거 여론조사가 가능하다.

앞에서도 언급했지만, 공직선거법의 선거 여론조사를 위한 휴대전화 가상번호의 제공 조항에 따라, 2020년 제21대 국회의원 선거부터 조사기관은 통신사로부터 휴대전화 가상번호를 제공받을 수 있으며, 가상번호와 함께 지역, 성별, 연령대 정보를 함께 제공받는다.
즉 무작위 표본추출, 층화추출, 할당표본추출이 가능하다는 뜻이다. 연구 결과에 의하면 실제 유선전화로만 실시된 2016년 국회의원 선거 대비하여, 2020년 선거의 전화 조사 정확성이 좋아졌으며, 편향 비율도 현저히 낮아져, 선거 여론조사의 정확성을 제고시키는데 휴대전화 조사가 큰 역할을 했다고 한다.[131]

가상번호와 함께 지역, 성별, 연령대 정보를 함께 제공받을 수 있다면, 앞에서 설명한 선거 여론조사의 오차 원인 중 표집틀의 문제, 지역에 따른 응답률의 편차 문제 등을 해소할 수 있다. 그러나 여전히 응답을 유보한 유동층의 문제와 실제 투표에 참여하는 투표율 예측의

---

131) 곽은선, 김영원 (2022), 현행 선거여론조사 방법의 정확성과 선거 결과 예측 가능성, 조사연구

문제가 가장 중요한 오차 요인으로 남는다.

국내에서는 해당 부문의 연구가 상대적으로 부족하지만, 응답 유보층에 대한 사후 조절 변수, 투표 참가 및 미 참가 층에 대한 사후 조절 변수, 즉 사전 여론조사 결과를 보정할 수 있는 변수를 통한 선거 예측도 점점 발전할 것으로 본다.

저가 선거 여론조사 기관 난립의 문제점?

2022년 대선 당시 등록된 선거 여론조사 기관은 총 92개로, 조사기관 중 45개 업체는 여론조사 분석 전문인력을 단 1명만 두고 있었다. 여론조사 업체의 진입장벽이 너무 낮아, 선거를 앞두고 난립이 불가피하고, 난립 되다 보니 저가 수주가 만연하고 있기 때문이다.

선거 여론조사 기관 난립에 따른 여론조사 절대량 증가는 20대 대선을 앞두고 1년 동안 발표된 선거 여론조사 결과로 추정할 수 있다. 20대 대선 전 1년 동안 발표된 선거 여론조사는 총 884건으로 하루 평균 2.4건에 달하고, 선거 직전 두 달 동안 발표된 여론조사는 283건으로 하루 평균 4.7건에 이른다. 여론조사 관련 언론 기사도 증가하여, 대선 직전 두 달간 관련 기사는 4,574건에 달한다고 한다.[132]

문제는 동일한 기간의 여론조사에서 각 후보자 간의 지지율 등락 폭이 너무 커서 편차가 크게 발생하고, 심지어는 동일한 여론조사 기관이 각각의 언론사 의뢰를 받아서 발표한 결과도 차이가 있어서 "동일한 조사회사가 동일한 시기에 동일한 조사방식으로 조사했는데, 왜 이렇게 서로 다른 결과가 나왔는지 세밀한 검토가 필요하다"라는 말이 나왔다.

위 자료에 의하면, 이런 문제는 결과적으로는 여론조사 회사의

---

132) 홍영림 (2022), 빗나간 대선 여론조사, 문제점과 개선점, 관훈저널

난립으로 저가 수주 경쟁이 치열해지면서 여론조사 품질이 나빠졌기 때문이다. 2022년 대선 당시 등록된 선거 여론조사 기관은 총 92개로, 옆 나라 일본의 20곳에 비하여 훨씬 많고, 92개 조사기관 중 45개 업체는 여론조사 분석 전문인력을 단 1명만 두고 있었다.

현재 중앙선거여론조사심의위원회 등록기준은 전화 면접, 전화 자동 응답 조사시스템, 분석 전문인력 1명 이상 등 3명 이상의 상근직원, 여론조사 실시실적 10회 이상(설립 1년 미만은 3회) 또는 최근 1년간 여론조사 매출액 5천만 원 이상, 조사시스템, 직원 수용이 가능한 사무소 구비 등으로 여론조사 업체의 진입장벽이 너무 낮아 선거를 앞두고 난립이 불가피하고, 난립 되다 보니 저가 수주가 만연하고 있기 때문이다.

따라서 조사 품질 향상을 위해 분석 전문인력의 추가 확보 등 등록기준을 강화하는 조치가 필요하다.

투표 참여에 영향을 미치는 요인?

> 교육 기회, 취업 기회 등 기회 공정성에 대한 인식이 긍정적일수록, 법 집행 공정성, 성별에 따른 차별 공정성 등 조건 공정성에 대한 인식이 부정적일수록, 연령이 높을수록, 학력 수준이 높을수록, 개인 소득이 높을수록, 정부가 하는 일에 영향을 미친다고 생각하는 외적 효능감이 높을수록 투표 참여에 적극적이다.

선거 여론조사의 예측 정확성에 가장 큰 영향을 미치는 투표 참여율 예측, 즉 투표에 참여할 것인가의 투표 참여에 영향을 미치는 요인들을 살펴보아야 한다.

2020년 사회통합실태조사 자료를 이용하여 국회의원 선거 투표 참여에 영향을 미치는 요인들을 연구한 결과[133]를 보자.

개인의 투표 참여에는 기회 공정성, 조건 공정성, 연령, 학력, 월평균 개인소득, 외적 효능감, 지지 정당 여부가 주요 영향을 미치는 요인으로 파악되고 있다. 교육 기회, 취업 기회 등 기회 공정성에 대한 인식이 긍정적일수록, 법 집행 공정성, 성별에 따른 차별 공정성 등 조건 공정성에 대한 인식이 부정적일수록, 연령이 높을수록, 학력 수준이 높을수록, 개인소득이 높을수록, 정부가 하는 일에 영향을 미친다고 생각하는 외적 효능감이 높을수록 투표 참여에 적극적이다.

특히 내가 하는 투표의 선택이 정부의 정책에 영향을 미칠 수 있다고

---

133) 조창덕, 이규민 (2022), 공정성에 대한 인식이 투표참여에 미치는 영향에 관한 연구: 연령에 따른 조절효과를 중심으로, 사회과학논집

생각하는 외적 효능감이 높을수록 투표에 적극적이라는 것은 쉽게 짐작할 수 있으나, 공정성에 있어서는 기회 공정성과 조건 공정성의 인식이 투표 참여에 반대로 작용하고 있음은 시민들이 사회 교정 수단으로서 투표 기능을 인식하고 있다고 판단할 수 있다. 당면한 조건 공정성에 대한 부정적인 인식이 높을수록 투표에 참여한다는 것은 투표에 참여하여 이를 제도적으로 교정하려고 시도하고, 교정에 대한 요구를 표출하는 것이라고 할 수 있다.

선거 여론조사의 웹 조사로의 대체 가능성?

> 고연령층, 저소득층에서의 인터넷 및 휴대전화 사용률의 증가는 조사 표본 간 격차를 감소시키고 있다. 특히 휴대전화를 이용한 웹 조사는 고연령층, 저소득층의 스마트 폰 사용률 증가에 따라 포함 오차와 자기 선택오차를 감소시키기에, 시간이 지남에 따라 점점 웹 조사로 대체될 가능성이 크다.

앞에서도 보았듯이 우리나라 선거 여론조사는 대부분 전화 조사이다. 그러나 시간, 비용 등 자원적인 측면에서 전화 조사보다는 웹 조사로의 대체가 틀림없이 이루어질 것이다.

그러면 온라인 선거 여론조사는 전화 조사 대비 정확성을 확보할 수 있는가?

이미 웹 설문조사에서 살펴본 문제점이 온라인을 통한 선거 여론조사에도 그대로 적용된다. 근본적으로 확률표본추출을 어렵게 하고, 고연령층과 저소득층, 저학력층의 인터넷 이용률과 접근성이 낮은 문제로 인한 표본 대표성의 문제, 즉 포함 오차(Coverage error)와 자기 선택오차(Self-selection) 등의 문제가 있다.

이러한 문제가 특히 선거 여론조사에서 더욱 문제가 되는 것은 웹 조사에서의 표본 대표성의 문제는 조사 결과, 정치적 성향의 편향을 일으킬 수 있기 때문이다. 고연령층의 정치적 성향이 더 보수적이라면 고연령층이 웹 조사에서 과소 표집이 될 경우, 조사 결과에서 진보적 편향의 결과가 발생할 수 있기 때문이다.

또한 소득과 학력에 따른 정치 성향의 편향도 함께 영향을 미칠 수 있다.

사후층화방법 등을 통하여 가중치를 활용한 조사 결과를 보정한다고 하여도, 가중치 자체가 확률 표집에 어느 정도 기반을 두어야 하나, 비확률표집에 해당하는 할당표집 후의 보정은 변수의 정확도를 떨어뜨릴 위험이 있다.

그러나 인터넷과 휴대전화 사용률이 증가한 상황에서, 웹 조사의 문제점이라고 할 수 있는 고연령층 과소 표집 문제는 시간이 지남에 따라 해소되어 간다는 점을 간과해서는 안 된다.

고연령층에서의 인터넷이나 휴대전화 사용률의 증가는 연령 간 격차를 감소시키고 있다. 특히 인터넷을 통한 조사가 아닌 휴대전화를 이용한 웹 조사는 고연령층의 스마트 폰 사용률 증가에 따라 포함 오차를 감소시키고, 충분히 조사 결과의 신뢰성을 확보할 수 있는 여건을 점점 조성하고 있다.

정보화 격차의 해소를 통한 포함 오차의 문제는 자연스럽게 해결이 가능할 것으로 보이며, 스마트 폰을 활용한 조사는 향후 고연령층에 대한 접근성을 높이는 방안이 될 수 있을 것으로 본다.[134]

---

134) 임정재, 강정한 (2014), 온라인 여론조사의 편향 성격과 보정방법 탐색: 2014년 서울시장 선거 사례, 조사연구

내　　맘대로　　요리하는　　**설　문　조　사**

VI

기타

VI. 기타

NPS 방식의 만족도 조사?

> NPS(Net Promoter Score)는 "순 추천 고객 지수"라고 하며, 점수를 부여한 고객들을 점수 순으로 추천 고객, 수동적인 고객, 비추천 고객으로 나누고, 전체 추천 고객이 차지하는 비중에서 비추천그룹이 차지하는 비중을 차감한 숫자로 산출한다.

NPS(Net Promoter Score)는 "순 추천 고객 지수"라고 하며, 2003년 세계적인 컨설팅 회사인 Bain & Company에서 Havard Business Review에 발표한 리커트 척도와는 다른 방식의 고객만족도조사 방법이다. 필자는 2006년에 Bain & Company에서 NPS 방식의 설문조사에 대하여 교육받고, 이를 한국 모 기업의 고객만족도조사에 적용하였다.

벌써 시간이 꽤 지났는데, 2018년에 정부 공공기관 고객만족도조사 시 사업수행기관에 따라서 일부 공공기관이 별도로 NPS 방식의 조사가 추가로 진행되는 것을 보았다.

NPS의 체제

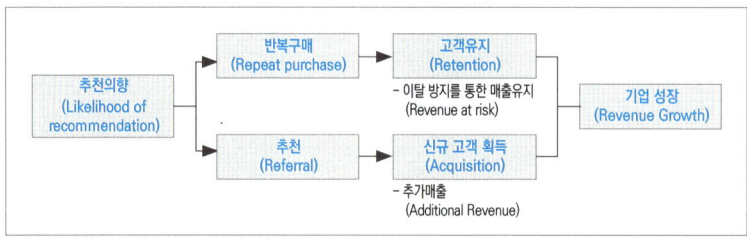

NPS는 기존의 리커트 척도 만족도조사가 진정한 고객의 충성도를 파악하고 적정하게 측정하기 어렵다는 전제하에, 실제 고객의 반복적인 상품 구매나 주변에 대한 추천이 고객 로얄티와 높은 연관성을 갖고 있다는 점에 착안하여 개발된 지수이다.

반복 구매는 기존 고객의 이탈을 방지하고, 추천은 신규 고객의 증대를 통하여 추가 매출 증대 및 고객 확충을 가져다준다고 보고, 반복 구매 행동과 추천 행동과 높은 연관성을 보이는 지표로 "추천 의향(Likelihood of Recommendation)"을 제시한다.

　NPS를 측정하는 방식은 단순하다. "우리 제품을 구매하셨는데, 우리 회사 제품을 주변 친구나 동료에게 추천할 의향이 얼마나 있으십니까? 추천 의향이 없으실 때는 0점, 100% 추천하실 때는 10점으로 생각하셔서, 추천 정도를 0점에서 10점 중에 점수를 주십시요"라는 질문하에 0점부터 10점까지 11점 척도 중 고객이 부여하는 점수를 기록한다.

점수를 부여한 고객 군 중 10점, 9점을 준 고객을 추천 고객(Promoters), 8점, 7점을 준 고객을 수동적인 고객(Passives), 6점에서 0점을 준 고객을 비추천 고객(Detractors)으로 분류한다. NPS 점수 계산은 전체 추천 고객이 차지하는 비중에서 비추천그룹이 차지하는 비중을 차감한 숫자이다.

Net Promoter Score = 추천 고객 비중(%) − 비추천 고객 비중(%)

NPS점수에 따른 고객그룹 세분화

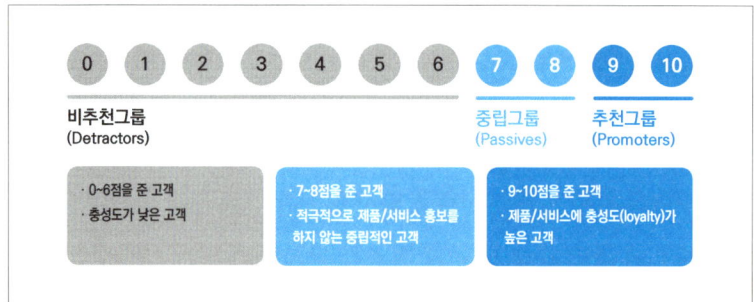

예를 들어서 500명을 대상으로 NPS 조사를 시행하였는데, 다음과 같은 결괏값이 나왔다.

추천 정도 점수	고객 수	그룹별 누계	비중	비고
10점	80	291	58.2%	추천 고객 (Promoters)
9점	171			
8점	33	55	11%	수동적인 고객 (Passives)
7점	22			
6점	10	154	30.8%	비추천 고객 (Detractors)
5점	60			
4점	20			
3점	10			
2점	10			
1점	14			
0점	30			
소계	500	500	100%	

여기서 NPS=58.2%-30.8%=27.4

NPS 결괏값의 해석은 대체로 0 이상이면 추천자가 비추천자 보다 많기에 괜찮은 점수라고 할 수 있는데, 일반적으로 0 이상이면 괜찮은 점수, 20 이상이면 좋은 수준, 50 이상이면 훌륭한 점수, 80 이상이면 최고 수준 정도로 인식한다.

NPS에서 유념할 것은 절대 수준의 평가도 중요하지만, 전년 대비 또는 직전 대비 점수의 변화를 통해 고객이 신규로 창출되고 충성도가 오르고 있는지, 반대로 고객이 이탈되고 있는지를 파악하는 것이 중요하다. 리커트 척도방식의 만족도조사와는 다르게 NPS 방식은 고객의 신규 창출, 이탈을 예측할 수 있는 중요한 지표로 사용할 수 있다. 그러나 NPS 방식의 비추천 고객이라도 6점을 준 고객그룹과 0점을 준 고객그룹은 즉시 이탈 가능성에 대한 체감의 정도가 다른데, 이를 같은 구간으로 함께 평가한다던가, 점수 간 분포가 상대적으로 덜 분석된다던가 하는 한계점이 있다.

FGI 방식의 면접조사?

> FGI는 약 6명 정도의 소수 그룹 응답자와 집중적인 대화를 통해 정보를 찾아내는 면접 조사방식으로, 면접원(사회자)의 진행 하에 조사 목적과 관련된 토론을 진행하여 자료를 수집한다.

FGI(Focus Group Interview)는 집단심층면접법이라고 하는데, 소수 그룹의 응답자와 집중적인 대화를 통해 정보를 찾아내는 면접 조사방식이다.

6~10명 정도의 인원으로 소그룹을 구성하여, 면접원(사회자)의 진행하에 조사 목적과 관련된 토론을 진행하여 자료를 수집한다.

일반적으로 6명이 적당하다. FGI는 구조화된 설문지를 사용하지 않는다는 점에서 설문조사와 구별되고, 사회자와 응답자 간에 일대일 질의가 아닌 여러 명의 대상자가 함께 참가하여 의견을 나눈다는 점에서 개별 면접조사와 구별된다.

FGI는 동질적인 특성을 가진 조사대상자를 한곳에 모아 놓고 사회자에 의한 좌담형식으로 의견을 청취한다. 사회자는 사전에 조사 목적에 맞는 질문의 요지와 순서를 적은 인터뷰 가이드라인을 작성해서 연구자와 협의 후 내용을 확정하며, 심층 면접을 진행할 때 이를 기준으로 한다. 반드시 준수하여야 할 필요는 없고 수시로 수정, 보완할 수 있지만, 가급적 사전 질문의 가이드라인을 준수하면서 면접조사를 진행한다.

필요한 경우에는 녹음하거나 영상 촬영 등을 진행하고 심층 면접이 끝나면 녹음 또는 촬영된 내용을 정리하고 분석해서 조사보고서 작업을 진행한다.

사회자가 어떻게 진행하느냐에 따라서 조사 결과에 큰 차이가 있기에, 사회자는 편하게 주제 안에서 이야기하고, 소극적인 참석자도 발언할 수 있도록 조율하는 역할을 한다.

실무에서 보면, 가끔 FGI를 정확히 이해하지 못하거나 FGI에 대하여 경험이 없는 사람들이 사회자가 왜 필요한지 의문을 제기하고, 사회자 무용론을 제기하는 경우가 있다. FGI의 사회자는 면접조사의 면접원 역할이라는 점을 꼭 이해하여, 중립적인 위치에 있는 사회자 선발과 참여가 꼭 필요함을 인식시켜야 한다.

FGI는 연구하고자 하는 특정 주제에 초점을 맞추도록 설계되었기 때문에, 해당 주제에 대한 집중 분석이 가능하고, 짧은 시간에 다량의 정보를 획득할 수 있다는 장점이 있다. 또한 집단이라는 가림막 덕에 기존에 파악하기 어려운 진실한 정보를 파악할 수 있다는 장점이 있다. 반대로 조사대상자의 참여가 자연스럽게 구성된 것이 아니기에, 일대일 면접에 비하여 연구자가 통제할 수 있는 범위가 약하고 집단의 시각이 실제 현상보다 강조될 수 있다는 단점이 있다.

참고자료

저자	연도	논문 등	비고
A.Kohut, S.Keeter, C.Doherty et al.	2012	Assessing the representativeness of public surveys	Pew Research Center
A.M. Dunn, E.D. Heggestad, L.R.Shanock & N.Theilgard	2016	Intra-individual response variability as an indicator of insufficient effort responding: Comparison to other indicators and relationships with individual differences	Journal of Business and Psychology
A.W.Meade, S.B.Craig	2012	Identifying careless responses in survey data.	Psychological Methods
Aimee L. Drolet & Donald G. Morrison	2001	Do we really need multiple-item measures in service research?	Journal of service research
Alan Baddeley	1997	Human Memory: Theory and Practice	University of Bristol
Bert Weijters & Hans Baumgartner	2012	Misresponse to reversed and negated items in surveys: A review	Journal of Marketing Research
C.M.Reigeluth, F.S.Stein	1983	The Elaboration Theory of Introduction	Syracuse University
Carolyn C. Preston, Andrew M. Colman	2000	Optimal number of response categories in rating scales: reliability, validity, discriminating power, and respondent preferences	Acta Psychologica
D.Kahneman, P.Slovic, A.Tversky	1982	Judgment under uncertainty: Heuristics and Biases	Cambridge University Press
D.Nesbary	1999	Survey research and the world wide web	Allyn&Bacon Inc
Don A. Diliman, Jolene D. Smyth, Leah Melani Christian	2014	Internet, Phone, Mail and mixed-mode surveys;The tailored design method, Hoboken	NJ:John Wiley & Sons

저자	연도	논문 등	비고
Donald R. Lehmann & James Hulbert	1972	Are Three-Point Scales Always Good Enough?	Journal of Marketing Research
E.Acuna and C.Rodriguez	2004	The treatment of missing values and its effect on classifier accuracy	Springer
E.Babbie	2007	The practice of social research (the 11th edition)	Wadsworth
E.Noelle-Neumann	1993	The Spiral of Silence: Public opinion-Our social skin	University of Chicago Press
Emmanuel M.Ikart	2019	Survey questionnaire survey pretesting method: An evaluation of survey questionnaire via expert reviews technique	Asian Journal of Social Science Studies
George A. Miller	1956	The magical number seven, plus or minus two some limits in our capacity for processing information	The Psychological Review
Goree C.T., Marszalek J.F.	1995	Electronic Surveys: Ethical Issues for Researchers	College student affairs journal
H. Schuman	2008	Method and Meaning in Polls and Surveys	Harvard College
J.H.Kuklinski, P.J.Quirk	1998	Reconsidering the Rational Public: Cognition, Heuristics and Mass Opinion	Cambridge University Press
J.Jackson Barnette	2000	Effects of stem and Likert response option reversals on survey internal consistency: Alternative to using those negatively worded stems	Educational and psychological measurement
Jerry W. Lee, Patricia S. Jones, Yoshimitsu Mineyama, Xinwei Esther Zhang	2002	Cultural differences in responses to a likert scale	Research in Nursing & Health

저자	연도	논문 등	비고
John J. Ray	1983	Reviving the problems of acquiescent response bias	The journal of Social Psychology
Jonh W.Graham	2009	Missing data analysis: Making it work in the real world	Annual review of psychology
Justin A. DeSimone	2018	Dirty Data: The effects of screening respondents who provide low-quality data in survey research	Journal of Business and Psychology
Kraig Finstad	2010	Response Interpolation and Scale Sensitivity: Evidence Against 5-point Scales	Journal of Usability Studies
L.Weng, C.Chang	2000	Effects of response: A surveytechnique for eliminating evasive answer bias	Journal of the American statistical association
Lee S.W, Kim E.G.	1997	Statistical techniques for treatment of nonresponses in public health categorical data	Journal of the korean society of health statistics
Matell M.S. & Jacoby J.	1971	Is there an optimal number of alternatives for Likert scale items?: reliability and validity	Education and Psychological Measurement
Matthias Emde	2014	Open-ended questions in Web survey-Using visual and adaptive questionnaire design to improve narrative responses	Technischen University
Menold, Natalija, Bogner, Kathrin	2016	Design of rating scales in questionnaires	GESIS Survey Guidelines
Menold, Natalija, Bogner, Kathrin	2016	Design of rating scales in questionnaires.	GESIS Survey guidelines
Michael Ryan	1980	The Likert Scale's Midpoint In Communications Research	Journalism & Mass Communication

저자	연도	논문 등	비고
N. Schwarz, B. Knauper, H.J. Hippler et al.	1991	Rating scales numeric values may change the meaning of scale labels	Public Opinion Quarterly
Nelson Cowan	2008	What are the differences between long-term, short-term, and working memory?	Progress in Brain Research
Norbert Schwarz, Fritz Strack, Hans-Peter Mai	1991	Assimilation and contrast effects in part-whole question sequences: A conversational logic analysis	Public opinion quarterly
Nunnally, J.C.	1967	Psychometric theory	NY Mcgraw-Hill
P.Reymond, H.Weber, M.Diamond, E.E.Farmer	2000	Differential Gene Expression in Response to Mechanical Wounding and Insect Feeding in Arabidopsis	The plant cell
R.L.Medway, R.Tourangeau	2015	Response Quality in Telephone Surveys: Do Prepaid Cash Incentives Make a Difference?	Public opinion quarterly
R.Tourangeau, R.M.Groves, C.D.Redline	2010	Sensitive Topics and Reluctant Respondents: Demonstrating a Link between Nonresponse Bias and Measurement Error	Public opinion quarterly
R.Tourangeau, T.Yan	2007	Sensitive questions in surveys	Psychological bulletin
R.W. Saaty	1987	The analytic hierarchy process-What it is and how it is used	Mathematical Modeling
Raaijmakers, van Hoof, Hart, Verbogt, Vollebergh	2000	Adolescents' midpoint responses on Likert-type scale items: Neutral or missing values?	International Journal of Public Opinion
Reg Baker, J.Maichael Brick, Nancy Battaglia et al.	2013	Summary Report of the AAPOR Task Force on Non-probability Sampling	Journal of survey statistics and methodology

저자	연도	논문 등	비고
Richard M. Perloff	2008	Mass media, social perception, and the third-person effect. Media Effects	Media effects
Richard Valliant, Alan H. Dorfman, Richard M. Royall	2000	Finite population sampling and inference: A prediction approach	Research gate
Robert M. Groves	1989	Survey Errors and Survey Costs	The University of Michigan
Robert M.Groves, Lars Lyberg	2010	Total Survey Error: Past, Present, and Future	Public opinion quarterly
Ron Garland	1991	The Mid-Point on a Rating Scale: Is it Desirable?	Marketing Bulletin
Scott D.Swain, Danny Weathers, Ronald W.Niedrich	2008	Assessing three sources of misresponse to reversed Likert items	Journal of Marketing Research
W.Phillips Davison	1983	The third-person effect in communication	Public Opinion Quarterly
Yonnie Chyung, Katherine Roberts, Leva Swanson, Andrea Hankinson	2017	Evidence-Based Survey Design: The Use of Midpoint on the Likert Scale.	Performance Improvement Quarterly
Yves Tille	2011	Ten years of balanced sampling with the cube method: An appraisal, Survey Methodology	Survey methodology
강민아, 김경아	2006	행정학 및 정책학 조사연구에서 결측치 발생과 처리 방법에 대한 고찰	한국행정학회보
고길곤, 탁현우	2016	설문자료의 결측치 처리방법에 관한 연구: 다중대체법과 재조사법을 중심으로	행정논총
고길곤, 탁현우, 강세진	2015	설문조사에서 문항의 역코딩 여부가 응답결과에 미치는 영향: 자아존중감과 자기효능감 측정사례를 중심으로	한국행정학보

저자	연도	논문 등	비고
곽은선, 김영원	2022	현행 선거여론조사 방법의 정확성과 선거 결과 예측 가능성	조사연구
김권현, 유동주, 김형준, 김청택	2015	설문지의 길이가 응답의 질에 미치는 영향	조사연구
김규성	2015	표본조사에서 비확률표집 방법론 고찰	조사연구
김도관, 신성윤	2016	빅데이터 분석결과와 실증조사 결과의 비교	한국정보통신학회 논문지
김영원, 황다솜	2014	2014년 지방선거 여론조사 전화조사방법에 따른 예측오차 및 편향	조사연구
김영진, 이흥철	2005	설문 길이가 응답 과정에 미치는 영향	엠브레인리서치
김은지, 윤예빈, 박성용 외	2020	비정치적인 질문으로 정치성향 예측하기: CNN 기반 설문 빅데이터 분석 기법	한국컴퓨터 종합학술대회
김지범, 김슬이, 강정한	2017	서베이조사실험을 통한 폐쇄형과 개방형 설문 응답 차이: 2016년 한국종합사회조사	한국조사연구학회
김지윤, 강충구	2014	여론조사의 대표성: 표집과 조사방식에 관한 연구	평화연구
김지윤, 우정엽	2012	휴대전화를 이용한 정치 여론조사에 대한 연구	한국정당학회보
김태경, 김민석, 김태린, 정진혁	2016	온라인과 오프라인 설문조사 결과 차이 규명과 보정에 관한 연구	대한교통학회
나영아, 나태균	2015	한국조리학회지에 게재된 학술적 연구의 통계적 기법 분석	한국조리학회지
류귀열, 문영수	2013	인터넷 설문조사의 검증에 관한 사례연구	한국데이터 정보과학회지
류시현, 윤지현	2009	지역사회영약학 연구에서의 리커트 척도 이용 현황	지역사회 영양학회지
문정현, 정성은	2018	선거 여론조사 결과 보도의 실제 영향과 지각된 영향의 차이	한국언론학보

저자	연도	논문 등	비고
박광배, 엄진섭	2001	변량분석사용의 잘못된 관행: F값만을 보고하는 경우	한국심리학회지
박승환	2022	자기기입 조사자료에 대한 히핑현상 보정 방안 연구	통계연구
박연진, 김관규	2022	정치 가짜뉴스의 수용 및 확산에 관한 연구: 편향적 정보처리와 3자 지각을 중심으로	사회과학연구
박원우	2003	연구방법론 강의 자료집	서울대학교
박원우, 마성혁, 배수현 외	2020	설문조사에서 불성실 응답의 탐지방법과 제거의 효과	경영학연구
박원우, 손승연, 박해신, 박혜상	2010	적정 표본크기(sample size) 결정을 위한 제언	노사관계연구
박원우, 이유우, 마성혁 외	2021	설문조사에서 불성실 응답의 원인과 조사설계 단계에서의 예방	경영학연구
박원호, 송병권, 하상응	2020	선거여론조사 신뢰성 제고를 위한 인센티브 제공 활성화 방안: 제21대 국선 선거여론조사 인센티브 제공이 응답률 및 조사품질에 미치는 영향을 중심으로	한국정당학회보
박현주, 이승희	2017	오차를 중심으로 본 세상을 바꾸는 과학적 설문조사 방법	창지사
서울시 중학교(국, 공립) 통계	2022	서울 열린 데이터 광장	서울특별시
송인덕, 조성겸	2010	서베이 모드와 사회적 바람직함 편향: 민감한 주제에 대한 전화 면접, 대면 면접, 온라인 서베이 응답 비교	조사연구
스티비	2021	이메일 마케팅 리포트	스티비
심형인	2017	설문조사에서의 질문문항순서 및 선택지순서 효과: 한국문화 측정 문항을 중심으로	한국행정학보
안명식, 한인수, 오홍석	2016	직무만족 조사에서의 질문순서 및 질문 의도 효과에 관한 연구	한국콘텐츠학회 논문지

저자	연도	논문 등	비고
오승호	2021	웹 기반 정치사회조사 시행 가능성 검토	한국리서치 여론조사 세미나
오인환	1992	사회조사방법론:오차요인 집중 연구	나남
이경화, 지은정	2005	표본 개념의 교육적 의의와 인식 특성 연구	수학교육학연구
이슬기, 금현섭	2022	설문조사에 있어서 순서효과에 대한 연구	조사연구
이준웅	2011	선거 여론조사의 점검과 성찰: 판세분석 여론조사를 중심으로	한국언론학회
이지영, 김진교	2005	온라인 패널조사와 오프라인 대인면접 조사 간 데이터 품질 비교: 신뢰도와 타당도를 중심으로	마케팅연구
이필석, 천석준, 이선희	2014	중간보기 "?"의 차별적 사용에 대한 한국과 미국 간 비교 문화적 검증: 혼합문항반응분석의 적용	한국심리학회지
이화정, 강석복	2012	설문조사에서의 무응답 처리	한국데이터정보과학회지
임정재, 강정한	2014	온라인 여론조사의 편향 성격과 보정방법 탐색: 2014년 서울시장 선거 사례	조사연구
장덕현, 조성겸	2017	리커트형 척도의 중간점은 필요한가? 중간점 있는 척도와 없는 척도 간 측정 결과 비교	조사연구
장윤재, 김옥태, 조성겸	2012	사회적 압력에 따른 유선전화와 이동전화 조사의 응답차이: 매체 이용 및 정치적 태도에 관한 질문을 중심으로	사회과학연구
정일권, 김영석	2009	온라인 여론조사에 대한 수용자의 평가와 영향력에 관한 연구	한국방송학보
조창덕, 이규민	2022	공정성에 대한 인식이 투표참여에 미치는 영향에 관한 연구: 연령에 따른 조절효과를 중심으로	사회과학논집

저자	연도	논문 등	비고
최종호, 김태균, 백다예 외	2020	조사방법 차이가 정치적 태도 조사결과에 미치는 영향: 중앙여심위 선거여론조사 통합자료분석	한국정당학회보
탁현우, 고길곤, 정다원	2019	설문조사 도구에 따른 비표본오차에 관한 연구; TAPI와 PAPI조사방식의 비교를 중심으로	행정논총
통계청 표본과	2016	표본설계 및 관리지침	통계청
한근식, 김용철	1996	왜도(Skewness)가 심한 모집단에서의 절사법효과에 관한 연구	응용통계연구
한혁, 금현섭	2017	만족도 측정 방법의 비교 가능성 연구: 행정서비스 만족도의 4, 5, 11점 리커트형 문항을 중심으로	조사 연구
허순영, 장덕준	2011	인터넷 설문조사에서 익명성 훼손이 응답에 미치는 효과	한국데이터 정보과학회지
허유진, 정성은	2016	미디어 메시지 효과 지각의 정확성 검증: 여론조사결과 보도로 인한 실제 태도변화와 지각된 태도 변화의 비교	한국언론학회
홍영림	2022	빗나간 대선 여론조사, 문제점과 개선점	관훈저널

내 맘대로 요리하는 설문조사

지 은 이 : 유기종
초판발행 : 2023년 11월 1일
발 행 처 : 행일미디어
주   소 : 경기도 하남시 미사경변서로25
            미사테스타타워 743호
전   화 : 02)403-9111
팩   스 : 02)403-4222
출판등록 : 2012년 2월 8일
            제 404-251002012000016호
북디자인 : 김보라
ISBN 979-11-960957-4-1   03310

*책 값은 뒤표지에 있습니다.